MOSES

摩西・孟德爾松

MENDELSSOHN

啟蒙時代的猶太思想家

The Jewish Pioneer of Modernity

施姆爾・凡納 著　　李中文 譯

改寫歐洲反猶主義，開展猶太啟蒙運動的旗手

王乾任

反猶主義，以及自外於歐洲的猶太社群

直到十八世紀，猶太人仍是相當自外於歐洲社會的獨特群體，堅持不融入歐洲基督教社會，堅持猶太人自己的行政和司法自治體制，堅持過著傳統的猶太教生活。

如斯堅持，或與歐洲長年以來的反猶主義有關，也跟猶太人自己的選民論有關。猶太人相信自己是蒙召的族裔，長久以來一直堅持以信仰維繫共同體凝聚力的生活方式，不容外力混雜。另一方面，《聖經》記載，是猶太人釘耶穌十字架，讓基督教社會一直對猶太人感到排斥，也不願意接納猶太人。

直到啟蒙主義運動降臨，一位名為孟德爾松的猶太人出現，才撼動了歐洲與猶太人各唱各的調的歷史進程，讓基督教社群開始接受猶太人，讓猶太人進入歐洲社會，讓啟蒙理性思想之光射入猶太社群，讓現代性在整個歐洲大放光芒！

雙重身分，猶太拉比與啓蒙哲學家

孟德爾松，出身社會底層，父親蒙納亨從事會堂服務、抄寫妥拉與兒童教師工作，並非猶太菁英。不過，孟德爾松憑著從小就具備的強烈求知慾與天分之助，成功往上爬，年紀輕輕就取得了猶太經師的地位，在猶太群體中逐漸嶄露頭角。

如果孟德爾松的成就僅止於此，那不過只是另外一個優秀的猶太拉比而已。十四歲時，孟德爾松決心前往柏林，在當地接觸了哲學，從此無法只滿足於猶太文化，決心研讀哲學，積極拓展自己智識的眼界，成為一介哲學家。

孟德爾松深受當時歐洲啟蒙運動的理性主義影響，相信自己的「一切全靠辛勤努力所得，人能透過自己的天性稟賦和理性，掌握自己的命運，跳脫原先生長的環境，開闢自己的人生道路。」

孟德爾松認為，「凡有能力使自己思想深刻成熟的人，都有義務藉由理智來奮力追求完美以及對真理和上帝的體認」。孟德爾松認為，（理性主義）批評可以為信仰去除污垢，提高宗教學識的價值並清理世上的無知。猶太經師並不能單單忠於妥拉，必須採取批派性的觀點看待妥拉與猶太傳統。孟德爾松主張，神學必須以理性為基礎，人類理性可以超越神啟的緊張衝突。

孟德爾松開始了他獨一無二的一生，他沉思人、命運與天意，熱衷哲學推論，花時間研讀哲學，探索宇宙秩序與人類命運，確認了自己的哲學家使命，致力於促成歐洲啟蒙運動與猶太社群的接軌，歐洲基督教群體和猶太人社群的文化交流。

啓蒙歐洲與猶太社群

啟蒙主義在歐洲的開展，勢必得面對的一個大問題：「一直被歐洲社會排斥於外的猶太社群，該以什麼樣的方式接納存在？」

孟德爾松正是解答這個問題的不二人選。

孟德爾松堪稱是歐洲史無前例的猶太人，既備受德國思想界敬重，也是基督教世界能夠認可的猶太人，是忠誠可靠的德國公民，還是啟蒙運動的自由鬥士。年紀輕輕就成了德國哲學和文學界的重要人物，猶太社群敬重的拉比，將其與先知摩西相提並論，世人尊稱其為德國的蘇格拉底、猶太的馬丁路德。

孟德爾松雖然身處猶太群體，卻結交歐洲知識分子，其言論能被基督教世界傾聽，是以能夠協助猶太人適度的融合進入當時歐洲社會卻又不被同化，保持猶太人的文化自主性，但又像過去於被社會排斥或邊緣化。

孟德爾松致力於在歐洲落實啟蒙主義思想（不過，他終身拒斥無神論，認為無神論是一場悲劇性的錯誤），將啟蒙主義帶入猶太群體，將猶太人帶出封閉的社群，擺脫歐洲新世界裡的社會與文化隔閡，引入歐洲社會，協助猶太社群融入社會。他扭轉了猶太人與歐洲和基督徒的關係，成為歐洲史上少數成功引領兩種文明跨界交流的知名人士。孟德爾松斥責戰爭，致力於推動族群間的和平共處，因為和平是「神造萬物的最終目的；和平是受造物的和諧天堂的永福、被拯救者的喜樂歡呼。」

啟蒙運動改變了世界運轉的遊戲規則，孟德爾松讓世界以世俗化的視角，重新審視猶太教與基督教的關係；以宗教寬容的精神，替猶太教與基督教找到一個能夠和諧共存的基礎；替屢遭排擠的猶太人，在歐洲社會上找到一個立足之地。

孟德爾松的一大成就，毋寧是利用啟蒙運動的人文主義價值觀與宗教寬容的信念，說服歐洲社會接受「猶太人也是人」，為猶太群體爭取到在社會制度的合法性地位上擁有一席之地，讓猶太人同享身為人應該享有的自由、幸福等基本人權的保障，逐步廢棄加諸在猶太人身上的制度性歧視。

此外，孟德爾松也利用啟蒙運動的成果，揭露猶太人在面對現代化進程時所遭遇的困境，順勢帶領猶太社群，展開對於猶太社群的世俗化／現代化／理性化的探討，震撼並扭轉了猶太人的歷史發展進程，開啟了歐洲猶太人歷史的新篇章，奠定了往後猶太人的歷史與現代化進程的軌跡，揭開了現代猶太文明的新頁。

歐洲啓蒙運動之子

孟德爾松是猶太人之子，同時也是歐洲啟蒙主義的信徒，成功融合了兩種思想典範，為自己的族人開拓了生存空間，讓歐洲社會接納了猶太人，這是孟德爾松的貢獻。雖然保守的猶太人基本教義派將其視為帶頭反叛猶太教，污染希伯來人的純正性，使猶太社群偏離正道的始作俑者。

在婚姻上，孟德爾松也堅持啟蒙主義的思想，他主張自己挑選配偶的權利，不必遵守一般婚約禮俗，拒絕財務的約定和交換禮品的風俗，以情感而非經濟作為建立家庭的基礎。他認為婚姻必須建立在個人情感的抉擇上，而非社會規範或經濟交換的約束。人應該按照內心的觀念與喜好來建構私人生活，拒絕讓社會習俗介入。

也許因為跨界身分的特殊性，孟德爾松時而坐享雙方的稱頌之榮耀，時而被雙方各自唾棄而受傷，一生的年歲，在榮辱之間來回擺盪，唯一不曾妥協的是，致力於文化交流。

然而，某種程度上來說，反對派的批評聲浪越大，代表孟德爾松的成就越高，是以反對接觸的保守派才會對他恨得牙癢癢。

孟德爾松的當代應用，全球化與在地化之辯

近年來關於在地化與全球化之論辯，越演越烈。某種程度上來說，孟德爾松是成功帶領具有特殊性的猶太在地文化與代表當時歐洲普世性的基督教文化接觸、適度融合，讓雙方成功接軌，承認彼此之長處，接納彼此不可融合的獨特性，採納雙方的優點卻又能保有自己獨特性的成功典範。

孟德爾松的雙重身分認同之法，或許適合同時身處多元文化的現代人借鏡？該如何同時保存既有的文化傳統的主體性，又借鏡來自異文化之長，不因過度堅持文化主體性而放棄進步的機會，也不過度全盤「西化」而放棄自己原本的文化主體思維。孟德爾松的一生，放到今天的時局來看，頗值得參考與借鏡。

啟明者之光

——讓胡適之對話孟德爾松

張平

孟德爾松出生於一七二九年，他可以說是猶太傳統文明中「睜眼看西方」的第一人，雖然這個傳統文明中的大部分社區已經在西方文明中生存了一千多年。胡適出生於一八九一年，比孟德爾松晚了整整一百六十二年。然而，中華文明與西方文明的相遇，如果從一八四〇年的鴉片戰爭算起的話，也比猶太傳統文明的與西方文明的相遇晚了一百多年。因此，如果拋開胡適之前那些「中體西用」的華夏睜眼者不算的話，那麼胡適與孟德爾松兩人應該說是站在同一個歷史的門檻上，背負著同樣的傳統財富與負擔，面對的是相似的問題：如何在用西方的理性精神改造自身傳統的同時保持自身的獨特性？或者用一個更哲學化的表述來說：如何在實踐一種普遍主義（universalism）的理念的同時保持自身的個別主義（particularism）？

一、普遍主義與個別主義

西方文明的普遍主義有兩個基本來源：其一是立足於基督教的普世信仰的宗教普遍主義。這種普遍主義來源於猶太教，它把後者唯一真神的信仰發展為全人類的神，並通過普世適用的十字架拯救將原本屬於特定群體的人神關係推廣到了全人類。其二是發源於愛琴海岸的以哲學（包括科學）為基礎的希臘文明所代表的理性普遍主義，這種追求脫離人類主觀意識而客觀存在的真理的文明發展出了一整套同樣獨立於人的意識之外的理性認知工具——邏輯與科學[1]。兩希文明的相遇而形成西方文明無疑是人類文明史上的一件大事：宗教普遍主義提供了普遍主義的存在論基礎，理性普遍主義則提供了認識論基礎；西方文明不僅有人類大同的堅定信仰，而且有認識和追求這種大同的方法和途徑。

有趣的是，將宗教普遍主義帶給西方世界的猶太文明卻不是這種普遍主義文明

1 有關宗教普遍主義與理性普遍主義的論述，可參見：Erlewine, Robert. *Monotheism and Tolerance: Recovering a Religion of Reason*. Bloomington: Indiana UP, 2010, p.32-33.

的一個組成部分，而是自始至終抗拒普遍主義的同化努力，忍辱負重地堅守自己的個別主義的異端色彩。猶太文明與儒家文明相似，並非沒有普遍主義的信仰。猶太教大約是世界上最早成熟的普遍主義宗教之一，早期的傳教熱情也不弱於後來基督教的執著。儒家則從人類「性相近、習相遠」出發，以「天下」觀堅守自身傳統的普遍主義價值。然而，與西方文明相比，雙方都缺少追求普遍真理的認識論目標和相應的手段。拉比猶太教的律法思辨始終是關注於一時一地的特定規則；而儒家的心性修煉則更是將原則的應用交給每個個體去做即時判斷。因此，總體上說，雙方的知識都是具體的、個別的知識、都是為行動而產生的知識。因此，相對於西方文明那種近乎狂熱的普遍主義追求而言，猶太傳統和儒家傳統都具有相當程度的個別主義特徵——猶太教可以接受他人的皈依，但並不以傳教追求全人類的猶太化，因為很難想像那些具體而特別的律法系統會被每個人接受；儒家只要求人們遵守最基本的道德原則，更多的心性修煉則只交給那些「行有餘力」者，因為根本上你無法要求每個人都修煉出聖人的心境。

當個別主義遭遇普遍主義之時，雙方都會受到威脅：個別主義會擔心普遍主義的侵犯性威脅到自身的存在，普遍主義則會擔憂個別主義的存在會使自身的世界大同理想崩潰。因此普遍主義通常會設法消滅個別主義，而個別主義則會全力自衛。這種普遍與個別的對抗的發生遠遠早於近現代文明間的相遇，在中古歐洲的基督教與猶太教的衝突中就已經表現得淋漓盡致了。對廣義的基督教而言，世界或者是信仰神而得到拯救的，或者是不認識神而處於蒙昧狀態的。這兩種狀態符合宗教普遍主義對世界的認識。而猶太人的存在——一種既認識真神又拒絕接受拯救的存在——無疑是一根讓人難以忍受的在背芒刺。而對於猶太教來說，他們的族群與神之間的立約是不可更改的，也不是放之四海而皆準的，因此猶太教不容忍自己有任何被同化的可能性，哪怕為此付出鮮血與生命的代價也在所不惜。

儘管如此，猶太文明與儒家文明在十八、十九世紀與西方文明的相遇仍然有著完全不同的意義。中世紀西方基督教與猶太教的衝突基本上可以被看作是基督教的一廂情願，而東方的儒家則基本上把西方看做是蠻夷之地，面對西方普遍主義的攻勢，雙方只需要全力抵抗就是，無論代價有多大，至少陣線是明確的。但這一次完全不同，這一次是猶太教和儒家文明自己出來擁抱西方文明，因為這種文明所代表的強大的精神力量和物質發展已經到了讓人無法忽視的地步，無論是生活在西方隔離區裏的猶太人，還是萬里之外的以中央帝國自居的中華帝國；無論是出於在日常生活裏的耳濡目染引起的仰慕，還是因為在船堅炮利的攻勢面前所遭遇的震撼，結果都是一樣，他們都無法對此視若無睹。然而個別主義作為一種思維方式，幾乎是基因般地根植在這兩種傳統文明的深處的，因此他們所面臨的問題是相似的：怎樣既獲得西方文明的理性真諦，又保持住自己的傳統特徵？

二、對話

在這樣一個共同問題的平臺上，我們可以來想像一下這兩位帶領各自的傳統踏上現代化的漫漫長途的思想大師穿過一百六十二年的時空隧道相遇，他們將如何對話？

首先我們可以把這場對話想像成一場朋友間的家庭聚會。想像孟德爾松與夫人弗洛梅、胡適與夫人江冬秀四人圍桌而坐，侃侃而談，這不是一件容易的事情。江冬秀大字不識幾個，寫封信都詞不達意，平生對胡適的思想一無所知，她是否會參加這場談話大可質疑。或許用胡適的美國情人韋蓮司來替換更合適一些[2]。然而如

2 關於胡適與江冬秀、韋蓮司的關係，可參看周質平：《胡適與韋蓮司：深情五十年》（北京：北京大學出版社，一九九八年）。

此一來，對愛情和家庭堅守如一的孟德爾松夫婦是否還同意坐在這張桌子上就成了問題，至少他們對對面的這對鴛鴦的關係將深感無從理解。

從某種意義上說，這種場面上的尷尬顯示了變革時代的人們在新舊交替之際的無所適從的處境，即使是對領袖人物也同樣如此。就婚姻家庭觀念而言，拉比猶太教傳統與儒家傳統有著驚人的相似之處，雙方都要求青年男女遵從父母之命，媒妁之言，禁止他們婚前兩情相悅，私定終身。作為舊傳統的反抗者，孟德爾松與胡適都把婚姻家庭觀念的變革看作文明新生的重要步驟，然而雙方的實踐則截然不同。孟德爾松身體力行，斷然拒絕了父母的婚姻安排，與弗洛梅相遇相戀，自主結婚，快樂到了不能自拔，以致埋怨這婚姻影響了他的學業進步的地步。另一方面，他對婚姻的變革也就到此為止，對於已經建立的家庭，他依然堅持了傳統的態度，他嚴守猶太教的一夫一妻信條，從未有過任何不忠。他能容忍妻子的知識追求，但只追求到足夠做他的妻子即可[3]。相比之下，胡適則走了一條完全不同的道路。他抗拒不過對母親的依賴感和負罪感，用犧牲自己的戀愛自由來換取大家庭的平和，然而

[3] 關於孟德爾松與弗洛梅的夫妻關係，參見本書第四章。

婚後沒幾天便孤身離去，甚至對妻子懷孕的消息也抱著一種無可奈何的態度。另一方面，他卻在婚姻之外另覓知音，與韋蓮司情意綿綿，與曹誠英熱戀幽會，若不是江冬秀以死相要脅，他的舊式家庭無疑會很快崩潰。

如果考慮到五四時代的其他文學革命領袖們的婚姻狀況，我們可以看出胡適並非特例。魯迅原本也是要把朱安夫人當作母親送的一件禮物好好保存起來的，只是後來碰上無法阻擋的女學生許廣平，才打破了大家庭的束縛[4]。因此，胡適與孟德爾松對婚姻問題的不同處理方式很大程度上體現了兩種文明在家庭觀念上的深刻差別。猶太傳統也講究父慈子孝，但是父子雙方仍然是相對獨立的個體，並不存在一個遮蓋一切的「家」的觀念。中國傳統的孝道是在「家」的框架中進行的，無論父子做什麼，最終都是為了家庭的榮耀[5]。這種差別使得變革時代的人們面對的壓力完全不同。對於猶太傳統來說，擺脫父母的壓力是件相對容易的事情，因為他們本

4 許壽裳：《亡友魯迅印象記》，載《摯友的懷念》（石家莊：河北教育出版社，二〇〇五年），第三五頁。

5 關於中猶孝道觀念之異同，可參看Galia Patt-Shamir, Zhang Ping, "Expanding Family Reverence: A Confucian-Jewish Dialogue" in *The Wiley-Blackwell Companion to Inter-Religious Dialogue* (pp.450-467), ed. Catherine Cornille Oxford: Wiley-Blackwell, 2013.

來就是獨立的，但是破壞夫妻的小家庭則是一件很困難的事情，因為除此之外，雙方並無其他家庭。對於中國傳統來說，擺脫父母的干涉是件無法想像的事情，因為他們原本只是那個大家庭的一部分，並無獨立身分；但在另一方面，保持對妻子的忠誠則是完全沒有必要的，因為這個小家原不過是大家的一部分，即使受到損傷，也不影響那個大家庭的存在。

既然家庭聚會不成立，也許我們可以想像一下孟德爾松與胡適兩個學者之間的私下交談。如果這會面發生在胡適的徽州老家，或者孟德爾松的老家德紹，大概會讓我們覺得難以置信。但如果我們說這場會面發生在孟德爾松研修哲學的柏林，或者胡適攻讀博士學位的紐約，那麼聽起來就不那麼不可思議了。從某種意義上說，異地求學造就了兩人相似的學術經歷，也給兩人求變思路提供了發生和發展的環境。如果不是遷居柏林而接觸到了西方哲學，孟德爾松大概終身不過是老家德紹的一位拉比猶太教的經學生，最多不過是當地猶太社區的又一位拉比而已。而對胡適而言，如果不是考取庚子賠款留學生去了美國，他大概也就是家鄉徽州的又一位普通書生，或許也可以成為上海灘上的另一個徽州商販。負籍求學本是中猶兩個傳統中都鼓勵的追求知識的方式，但遇上大變革時代，這種傳統方式就擔負起了完全不同的關鍵作用。從某種意義上說，正是這種異地求學的傳統培育了兩人跨越新舊學問間鴻溝的能力，為他們造就了變革舊傳統的空間，成為變革的領路人。

在學問上，胡適到美國後，走的是標準的大學教育之路；而孟德爾松在柏林則幾乎是自學成才的。兩人都是從舊傳統進入新文明的學術殿堂的先驅者，也就不免遭遇到先驅者常見的失敗。孟德爾松進入德國皇家科學院的努力一再功敗垂成，顯示出進入啟蒙時代的歐洲仍不打算完全放棄其反猶主義的醜惡傳統，即使是在追求客觀真理的學術領域，也仍然無法擺脫對猶太人的偏見[6]。而胡適在哥倫比亞的博士學位問題則更是被糾纏至今。按照唐德剛的看法，整個糾紛起源於胡適的博士論文只得了一個「大修通過」分數，需要補考才能拿到學位，而糾其原由，乃是因為答辯委員會裏沒有人真正瞭解中國傳統，並不理解這部論著的價值[7]。這顯示出那時候的歐美學術界，尚未為古代的東方傳統加入現代文明做好準備。因此，胡適和孟德爾松兩人都在學術榮譽上遭遇到問題，這可能是一種巧合，卻也反映了相似的歷史門檻上的相似的阻力。

6 參見本書第五章。
7 唐德剛：《胡適口述自傳》（北京：華文出版社，一九九二年），第一〇九－一一五頁。

如果兩人在學術經歷之外還談到各自的思想與學術領域，那麼兩人在學術旨趣上的差異將顯露無疑。雖然兩個人都是半路出家學的哲學，但孟德爾松成為了一位真正意義上的哲學家。他的哲學論文是經典意義的上的哲學著作，在大師林立的德國哲學界，在群雄並起的啟蒙時代，孟德爾松作為新加入的猶太傳統的代表，能與康德這樣的大師同席論道，在啟蒙主義哲學家中佔有一席之地，的確是一件非同一般的事情。相形之下，胡適在哲學方面最多的是一位研究者，他的主要貢獻是將西方哲學的研究方法應用到了中國哲學的研究之中，他自己也承認自己從來不是一位真正的哲學家。

然而，儘管兩人的學術旨趣差異巨大，兩人都對各自的傳統表現出了巨大的熱情。在這方面，胡適投入的努力似乎遠遠超過了孟德爾松，在「大膽的假設，小心的求證」的「科學」新方法的助力下，胡適試圖在總體上整理與改造中國的傳統，其範圍涉及到哲學、思想、歷史、文學、宗教等多個領域，大量典籍。他的很多研究成為現代中國重新認識自身文明，並將其納入現代學術範圍的基礎。同樣，孟德爾松在這方面也做了深入思考，傳世的名著有一部由他主持的《希伯來聖經》（部分）的德文譯注本和一本深刻的宗教哲學著述《耶路撒冷——或論宗教權力與猶太教》。總的來說，孟德爾松在哲學上的造詣遠遠超過胡適，他對於猶太教的理性梳理有著更為深刻的哲學境界，而不只是方法上的變革和信念的突破。但另一方面，孟德爾松對傳統的保守和維護則與胡適的「改造」態度截然不同。在《希伯來聖經》的注釋中，除了使用德語有悖拉比傳統之外，孟德爾松基本上採用的是拉比猶太教對經文的傳統解釋，強調的是猶太傳統與基督教傳統之間的差別。在《耶路撒冷》中，孟德爾松一方面用哲學的理性去解說猶太教傳統，同時提出對宗教權力，特別是懲罰權力的限制，另一方面卻全面為猶太教所嚴守的律法生活辯護[8]。兩人在這方面的差異顯示出他們對如何使傳統新生的基本途徑的差異——胡適試圖在新文明的科學思維方式的基礎上改造與重建傳統，使之獲得新的生命力；孟德爾松則試圖將新文明與舊傳統區別開來，並至少在可能的範圍內維護舊傳統的權威，而對於舊傳統的缺陷，最多進行一些修補工作而已。

改造也好，修補也好，孟德爾松與胡適兩人從事現代學術研究並非象牙塔裏的功夫，而是他們將新文明注入舊傳統的的出發點。因此，在學問之外，兩人都用自

[8] 參見Mendelssohn, Moses, and Allan Arkush. "Section One." *Jerusalem, Or, On Religious Power and Judaism.* Hanover: Published for Brandeis UP by UP of New England, 1983.

己的文字點燃新生之火，給各自的傳統帶來啟明之光。在這方面，雙方的相似點也很多。他們都把大眾語言問題當作改造或者修補舊傳統的入手之處。他們都創辦刊物，用當時最先進的媒體傳播新思想、新觀念。他們都聯繫了一批志同道合的有識之士，讓個人的新思想推廣為更為有力的群體思想。他們都不局限於理論上的變革，而是力求從個人家庭生活到社會生活，以至於國家政治生活等各個領域全方面改變各自文明群體的歷史道路，將啟明之光發揚為新時代的曙光！

十八世紀的歐洲猶太人和二十世紀初的中國人都意識到自己面臨著一個語文脫節的問題。猶太人在日常生活中使用當地語言，包括從當地語言發展出來的猶太人使用的特有語言——意第緒語（Yiddish），其宗教精英——拉比群體則在傳統研究與宗教活動中使用古老的希伯來語。中國人在日常生活中講白話文，知識分子卻使用文言文寫作。語文分離讓舊傳統的統治階層方便地把握了話語權，使新思想的產生與傳播成為一件非常困難的事情。因此，自法國大革命開始的，伴隨著啟蒙主義一道興起的歐洲語文合一運動最終也伴隨著新文明的力量進入了古老的中國與猶太傳統。在解決方法上，猶太人從一開始就面臨著兩種選擇：或者復活希伯來語，使之再次成為猶太人的口語；或者乾脆選擇猶太人已經習慣使用的當地語言，即使是在傳統宗教活動中也放棄希伯來語。孟德爾松可以說是在兩方面都進行了嘗試：他早年創辦《宣講道德者》雜誌時做的是第一種努力，後來譯注《聖經》則是做的第二種嘗試。雖然孟德爾松本人在語言改革方面只是開了一個頭，並未真正成功，但這兩條道路卻給後人啟示了方向。有關復興的猶太民族究竟應該使用哪種官方語言的爭論一直持續到二十世紀初，直到民族主義的復國夢想壓倒了單純文化復興的理念，希伯來語才最終爭得正統地位，實現了復活的奇蹟[9]。相比之下，胡適幾乎是一蹴而就地完成了語文統一大業。替聖賢立殿堂的文言文大廈此時似乎已經枯朽不堪，哪怕有人在旁邊跺跺腳，也會搖搖欲墜了。當以胡適為首的新文化青年讓白話文登堂入室之後，文言文很快就被棄之如敝屣，只能在故紙堆中找到了。

從孟德爾松到胡適的一百多年間，媒體方面並沒有出現徹底的變革。所以孟德爾松時代最有效的傳播工具到了胡適時代仍然適用，因此兩人都利用刊物和書籍來傳播自己的思想。特別是在刊物方面，孟德爾松早期創辦的《宣講道德者》實際上是猶太啟蒙運動的第一本雜誌，雖然從一開始就遭到封殺，沒有能像胡適投身其間

[9] 關於希伯來語復活的早期情況，可參看Fellman, Jack. *The Revival of a Classical Tongue; Eliezer Ben Yehuda and the Modern Hebrew Language*. The Hague: Mouton, 1973, p.11-17.

的《新青年》、《每週評論》那樣呼風喚雨，大行其道，但的確是開風氣之先的大膽嘗試。他晚年與猶太啟蒙運動的旗幟性刊物《採集者》關係密切，雖然他自己不是編者，但那批青年人是在精神上把他作為導師來看待的，他最早的傳記材料也是在這本刊物上發表的[10]。

在新文明啟明的組織和運動方面，他們兩人所扮演的角色同樣有著意味深長的相似之處。孟德爾松與德國啟蒙運動的領袖人物萊辛、歌德等人都有著不同程度的互動與合作，他與後起的猶太啟蒙主義者之間更是有著一種師生情誼。但與此同時，他卻拒絕把自己看做是猶太啟蒙運動的成員，同時拒絕歌德等人要求猶太生活徹底理性化的呼籲，堅守自己的猶太宗教傳統和律法。這讓人想起胡適對五四學生運動的一貫評價，對於將新文化引入政治運動的做法的不滿和遺憾，以及他一生與現實政治保持的距離[11]。應該說，兩人的這種共性很好地體現了知識分子應有的心態——一方面用自己的知識和思想引導社會的變革，另一方面時刻不忘保持知識的獨立性；可以成為啟蒙者，卻永遠不會成為啟蒙力量的一員，不會成為任何力量的一員！

10 參見本書第七章。

11 胡適：《胡適的聲音》（桂林：廣西師範大學出版社，二〇〇五年），第二五頁。

當然，知識的獨立性不等於一切就應該永遠停留在理論的層面。新思想的傳播最終是為了傳統生活在從個人到國家的各個層面都發生積極的變化。在這方面，胡適同樣比孟德爾松更為徹底，他提出通過「研究問題」（重新評估傳統價值）、輸入學理、整理國故，以達到「再造文明」的目的[12]。他最終的目標是產生新的文明，而在這個文明中，從個人到國家的行為都是建立在從新文明輸入的學理驗證重塑過的，自然也就是面貌全新的。與此相對照，孟德爾松也贊成國家與宗教分享權力，並對宗教權力加以限制；他還贊同依據科學和居住國的法律，改變傳統生活中有害的習慣，他對猶太殯葬傳統改革的支持可以算是一個例子[13]。然而，在這些之外，孟德爾松仍然支持傳統生活以其完整的形態保存下來，並身體力行地堅持傳統律法生活的價值觀仍被尊重，不得改變也不得違反。當然，我們要看到孟德爾松在這方面擔負的壓力比胡適要多一層——他不但要引導猶太民族走出隔離狀態，而且還要西方主流世界接納猶太民族的寬容態度而努力，要與根深蒂固的西方反猶主義傳統進行鬥爭。從某種意義上說，這兩位新文明的啟明者都是文明的夾縫中的人

12 唐德剛：《胡適口述自傳》（北京：華文出版社，一九九二年），第一九四—一九六頁。
13 參見本書第六章。

物，但是孟德爾松所承受的壓力顯然超過了胡適。他既要把猶太文明領入新時代的晨光，又不能讓傳統生活就此消失；既要對抗西方主流對猶太文明的傳統偏見，又要糾正猶太傳統生活中的陋習。在一定程度上，正是這種不同尋常的壓力使得孟德爾松對傳統有了更多的維護和愛惜。

當然，這種「夾縫」處境並不只是負面的。作為將新文明之光投射給舊傳統的啟明者，作為修補或重建舊傳統的活動家，孟德爾松與胡適都充當了文明間的使者的重要角色。孟德爾松在一生多次利用自己在德國主流社會的聲望和地位，斡旋於寄人籬下的猶太社群和德國統治者之間，為自己的同胞排憂解難。胡適則在民族生存的緊要關頭臨危受命，以駐美大使身分在中美之間合縱連橫，為反法西斯戰爭遠東戰場的勝利做出了自己的獨特貢獻。

最後如果這場對話有機會超越婚姻與家庭、學問與專業、甚至超越國家與民族，而上升到談論世界本質的層次，那麼我們會驚訝地發現兩人都是哲學上的樂觀主義者。不過，兩人的樂觀根源截然不同。孟德爾松的樂觀主義一方面來自對猶太教傳統中神與神創世界的完美性的信仰，另一方面受到萊布尼茲神學樂觀主義的影響，是一種對世界整體把握的樂觀主義，是一種更多地潛藏在思想的背景裏的樂觀主義，並不排斥他對現實世界的醜惡現象的失望乃至絕望[14]。胡適的樂觀主義是受美國樂觀主義的薰陶而成，更多地是對人類行為與人類歷史走向的決不放棄的希望，表現為在任何時候都能相信人類有能力找出符合基本道義（和平、公正、理性）的解決問題的辦法[15]。事實上，無論是哪種樂觀主義，對於一名變革者來說，都是至關緊要的，如果不是堅信歷史最終會走向正確的道路，如果不是相信世界的本質是完美的而且最終將回歸完美，那麼啟動一場撼動數千年傳統根基的理由又何在呢？

三、根本問題

在談過了所有這些相似之處之後，我們要就雙方的不同之處問一個根本問題，那就是：為什麼孟德爾松給猶太傳統提供了一個修補的機會，而胡適則打算全盤重

14 關於孟德爾松樂觀主義的宗教與哲學背景的深層討論，可參見Altmann, Alexander. "Moses Mendelssohn on Miracles." *Essays in Jewish Intellectual History*. Hanover, NH: Published for Brandeis UP by UP of New England, 1981, p.142-53.

15 關於胡適的樂觀主義，可參看邵建：《胡適前傳》（臺北：秀威資訊科技出版社，二〇〇八年），第四八－五一頁。

造一個新的中華文明？為什麼中國的新文化運動對傳統的揚棄遠遠超出了猶太民族？為什麼今天的中國已經見不到儒生的社區，而耶路撒冷的猶太傳統社區依然生機勃勃？

對這個問題，至少可以從以下幾個方面加以討論：

首先，胡適所發起領導的中國新文化運動是近現代中國與西方文明一系列「衝擊－反應」活動的一部分，而孟德爾松的啟明活動卻是從猶太傳統內部自然生發出來的，這大概是雙方最根本的差別所在。「衝擊－反應」模式近年來頗為造人詬病，自有其理由。從本文所做的對比看，「衝擊－反應」的確不是東西方文明互動的唯一途徑。假如我們從「在中國發現歷史」的理論的角度去觀察猶太啟蒙運動的話，我們可以看到猶太啟蒙運動的確是自發的，並沒有經過任何衝擊[16]。但另一方面，我們必須承認中國近現代史上的東西方交流中的「衝擊－反應」是既成事實，並非空中樓閣。而且，從胡適與孟德爾松的對比來看，「衝擊－反應」模式下發生的文明再造運動比自發的啟蒙運動對傳統所造成的衝擊要劇烈得多。這大概一方面

[16] 關於「衝擊－反應模式」以及「中國中心論者」的相關評論與理論，可參見Cohen, Paul A. *Discovering History in China: American Historical Writing on the Recent Chinese past.* New York: Columbia UP, 1984.

是因為傳統在「衝擊」中一敗塗地的表現使人喪失了對它的信心，比較容易拋棄，另一方面是因為傳統在「衝擊」中已經受到損傷，力量大為削弱，已經沒有多少力量對新文明進行反擊和限制。胡適就曾經強調新文化運動的快速成功很大程度上要歸因於對手太弱，儘管北洋軍閥政府有固守傳統的意願。相比之下，孟德爾松面對的是一個傳承千年、深入人心、組織完好、未有大過的宗教傳統。面對這種傳統，孟德爾松一方面會認為沒有全面改造的必要，另一方面也必須時刻提防傳統的反撲，因而也沒有全面改造的可能性。

其次，兩種傳統的性質不同。猶太群體作為「那本書的民族」，其文化身分是由其經典與圍繞經典形成的傳統所定義的。如果徹底改造傳統，猶太人就將丟失其文化和民族身分，這與讓民族借助新文明復興的啟明者們的夢想背道而馳，因此是不可能發生的。而中國傳統歷來是多身分傳統，儒家不過是其中一種，即使丟掉某種文化身分，追隨另一種文化，也不妨礙身為中國人的民族身分。因此從根本上改造傳統是可能的。

與此相關的第三點是：有國土的民族與無國土的民族，在破壞自身傳統的問題上所能承受的壓力是不一樣的。猶太人沒有自己的國土，全靠文化傳統維繫，偏偏又生活在一個反猶主義的環境裏，一旦傳統被毀，就將面臨滅頂之災，因此對傳統的維護格外小心。相形之下，中華幅員遼闊，人口眾多，即使在傳統的破壞上走得遠一點，也不危及自身的生存，因此，在傳統改造的路上就可以走得遠一些。後來的猶太復國主義者對傳統的尊重比早期的啟蒙主義者要少得多，以色列國最終按世俗國家的原則建立，在很大程度上也說明了這一點。

如果對他們兩人的異同做一個結論的話，我們可以說胡適和孟德爾松並非完全的啟蒙主義者，因為他們並不打算讓普遍主義的理性完全統轄人類生活，使他們自己的文明失去立足之地；他們也不是胡適所自稱的「文藝復興」者，因為他們的新思想來於外部文明，而不是自身文明的源頭，雖然兩人都設法尋找各自文明與西方文明的相通之處[17]。因此，我給了他們一個「啟明者」的名稱，他們用理性之光照亮前途，但並不因此就認為舊有的文明是蒙昧而一無是處的。

最後，在這場對話結束之前，我要感謝讓這場對話成為可能的本書的兩位作者，這部《孟德爾松》是有關這位哲學家的最好的傳記作品之一，它給我們對孟德

17 關於新文化運動的定性，可參見余英時：《文藝復興乎？啟蒙運動乎？——一個史學家對五四運動的反思》，載《五四新論》（臺北：聯經出版事業公司，一九九九年），第一－二六頁。

爾松的理解所帶來的啟迪是里程碑式的。同時也要感謝本書的譯者，他的準確清通的譯文使得中文讀者終於有機會全面瞭解這位重要的猶太思想家。

二〇一四年五月十六日
於特拉維夫

張平簡介

張平（1963-），北京大學中文系文學學士，東方學系世界文學碩士，特拉維夫大學文化研究系比較哲學博士，現任特拉維夫大學東亞學系漢語言學與東亞學終身教授。其主要研究領域為中華文明與猶太文明間的跨傳統對話，包括拉比猶太教經典的中文翻譯、注解和比較研究。他是第一個將拉比猶太教經典介紹到中文世界的學者，並曾聯合組織了二〇〇九年底在特拉維夫大學舉行的儒家與猶太教對話會議，實現了有史以來猶太教與儒家的第一次巔峰對話。其主要著作有：《阿伯特——猶太智慧書》（中國社科，一九九六）、《天下通道精義篇——猶太處世書》（北京大學出版社，二〇〇三）、《密釋納・種子部》（山東大學出版社，二〇一一），以及多篇有關中猶傳統間對話的論文。

目次

01

在菩提樹大道散步

十八世紀的柏林常有不少人在傍晚和星期假日到蒂爾加滕（Tiergarten）的獵場以及菩提樹大道（Unter den Linden）上散步，這是一條延伸到皇宮，種滿菩提樹的寬闊大道。十八世紀末，這個普魯士首都的居民以及許多來到這座城市的遊客都可以就近察看這麼一個日漸昌盛的歐洲文化重鎮，而聚集到各個市立公園和大道附近的人當中，還可以發現越來越多猶太人混雜在散步的人群裡。當時屬於猶太社群並經常出入文化、娛樂場所（尤其是劇院和音樂廳）的約有三千人，其中也有不少能夠影響這個興盛都城生氣勃勃的生活。富有的猶太人、生意人和成功的工廠老闆，在兩旁妻子和女兒的陪伴下，以時髦高尚的衣著、浮誇的髮型和假髮、流利的德語、禮貌的舉止，展示著符合當時富有文化氣息市民階級的精緻品味。當中有不少人閱讀文藝作品，從不同知識領域的期刊和出版品吸收新知，聆聽有關哲學和科學新訊息的演講，並參加許多藝術和文化活動。其中又有一些人因為博學而聞名於世，像是醫師兼哲學家赫爾茨（Marcus Herz），他是康德的弟子，以及醫師兼魚類學家布洛赫（Markus Bloch），他們都是猶太社群的驕傲。

一七八零年夏天的一個晚上，柏林市最知名的猶太市民、深受敬重的哲學家孟德爾松（Moses Mendelssohn）由妻子弗洛梅（Fromet）和幾名子女陪同在街上散步。一夥遊蕩街頭的少年喊著「猶太人！猶太人！」，侮辱這家人，還朝他們丟石頭。「他們為什麼追著我們丟石頭？我們對他們做了甚麼嗎？」孩子們又驚又怕地問。他們的父親也受了刺激，卻沮喪而無奈，沒

・菩提樹大道，羅森貝格（Johann Georg Rosenberg）的彩色蝕刻畫（1780年）

辦法對這狀況找出解釋和安慰的言辭，只能按捺怒氣，嘆息道：「人哪！人哪！你們到底要放縱到甚麼地步啊？」

孟德爾松在性情上是個自我克制的人。他在這次令他家人受侮辱驚嚇的事件之後壓抑自己的情緒，不讓它宣洩出來。除了在一封給溫克普（Peter Adolf Winkopp，本篤會的年輕修士，孟德爾松的熱烈崇拜者）的信中明白提到這件事之外，再也沒讓其他人知道。這是少數扯破他榮譽感外衣的一樁事件，傷到他的尊嚴。他相信善是最重要的，自從他的言論在知識界有了份量之後，他更為善而奮鬥不懈。現在所遭受的雖不是第一次，卻動搖他對善的信念，所牽扯出的是宗教的容忍度。他滿腹辛酸地寫給溫克普：

> 在這個號稱寬容的國家中，我卻讓來自四面八方真正的不寬容所侷限，日子過得很狹隘。為了對子女的愛而不得不整天像您待在修院那樣，把自己關在紡織工廠裡。

孟德爾松難過地透露，他擔心這一情勢會不利於喚起自己文學和哲學的繆斯女神。後來他再也不曾提起這個街頭事件。彷彿深深讓自己的格外坦白所驚嚇，孟德爾松慌張地把這扇曾短暫讓他瞥見自己受傷的靈魂，也吐露猶太人在柏林處境的窗子又關了起來。他急忙對自己和這位基督宗教友人說：「撇開這些思考吧！它讓我很心煩。我較想回覆您對《斐多》某一處的疑惑。」孟德爾松寧可跟這位朋友討論一七六七年他所出的書《斐多——論靈魂的不朽（Phädon oder über die Unsterblichkeit der Seele）》當中所觸及的問題。

大約六年之後，一七八六年一月四日是柏林冬季非常冷的一天，早上七點，孟德爾松在他斯潘道爾大街（Spandauer Strasse）六十八號的家裡過世了。他不算高壽，是在朋友們慶祝他五十六歲生日之後四個月左右去世的。第二天早上十點，靈柩經過柏林市中心，來到大漢堡街（Grosse Hamburger Strasse）的猶太人墓地。葬禮中除了他的家人，還有許多朋友和學者（其中有不少人是基督徒），以及柏林市的重要人物和猶太經濟精英的代表們到場。猶太教以及基督教的文人和學者都認為他的去世是一大損失。葬禮當天，柏林市的公司行號全都關門休市表示哀悼。小小的墓地湧進了上千個人。

新聞界詳加報導。各家日報都刊登了柏林這位知名哲學家的死訊，其難以救治的疾病也有醫學角度的詳細敘述。家庭醫師赫爾茨為讀者描述了他這位病人惡化的健康狀況和臨終的情形。奧地利駐柏林的公使給維也納發送的緊急公函有如下的消息：「昨日此處有位知名的猶太學者孟德爾松死於中風。」悼念文以及與之有關的評傳數量極多。猶太啟蒙主義人士對他突然離世表示了深切的遺憾，因為孟德爾松是他們的典範。他們把他跟先知摩西相提並論，並用聖經般的話語表達他們的追思。他們在孟德爾松的精神遺產中尋求慰藉：「以語言和書本繼續跟我們談話／不用肉體的唇舌、塵土和灰燼／不靠言說、不靠談話，單憑心靈吧。」第一位為他寫傳的作者歐宜赫（Isaak Euchel）這麼寫著，接著指出：「在跟他同世代的猶太賢哲當中，沒有人像他如此以道德的完美而知名。」

對於孟德爾松的突然逝世，基督教友人的回應則顯示在私人信件、緊急公函和報刊文章中感人的話語。人們一致認為，他在德國哲學和文學界是最重要的人物之一。他們寫道，孟德爾松是出類拔萃的學者，用筆為真理奮鬥，更以德行作為楷模。他們所一再引用具有人文主義精神的關鍵句和格言，是他在世時經常宣講而友人們時常寫在獻辭和祝辭之中的「人們探究真理，認同善和美，欲求一切順遂並盡力而為」，或是「熱愛真理與和平」。所有追思文字幾乎都明白指出，智慧之子和市民道德的捍衛者們損失了一個非常寶貴的人，一位盼望有朝一日猶太人和基督徒能結為弟兄姊妹的宣告者，更是損失了含有人際間充滿愛和兄弟情誼幸福生活的未來希望的象徵。

孟德爾松過世之後幾天，他的朋友們一同商量，要如何表示對他的憶念並傳之久遠。此外，他們也發起募捐，以把孟德爾松的肖像矗立在一座金字塔形的紀念碑上，這座碑乃是早在這位哲學家過世之前，為了紀念萊布尼茲（Gottfried Wilhelm Leibniz）、蘭伯特（Johann Heinrich Lambert）和蘇爾策（Johann Georg Sulzer）等大學者而設置在柏林歌劇院廣場的。

這一切對歐洲的猶太人而言是史無前例的，基督教界先前不曾給某個猶太人之死賦予普世的意義。不容置疑，孟德爾松過世前二十年的知名度是個中因素，他以當代出色的哲學家和素孚眾望的學者地位而有「德國蘇格拉底」的稱號。儘管他不是出自書香門第，不曾上過知名大學，不像他許多基督教友人那樣擔任高階公務員，或至少有個較低階的公職，也不曾在高中或甚至在大學授課過，他卻享有德國啟蒙運動舉足輕重哲學家之一的高度聲望。

有兩段故事，一段是孟德爾松和家人在柏林街上成為可恥的反猶攻擊下的受害者，晦暗、隱藏、壓抑的故事；另一段則是人們把他的過世看成是德國知識界的一個重大事件，公開而知名的故事。兩者之間的矛盾衝突，似乎就可以讓這位十八世紀最出名猶太人的生活和作品成為一則有著張力且極具意義的關鍵故事。孟德爾松其人其事是歷史上的一大事件。他領導猶太人遷出「猶太社區（Ghetto）」舊世界，擺脫歐洲新世界裡文化和社會的隔閡，亦即，讓猶太人融入社會，不死守舊文化，並同時削弱猶太人在傳統上對宗教和社群的義務。難怪在他生前，他的猶太和基督徒崇拜者，就讓推進這個強有力歷史進展的角色歸屬於他。

孟德爾松去世之後，他的形象便擴大成神話般的偉人。這個有著明顯駝背、矮小身材、濃密眉毛、棕色眼睛、黑色頭髮和稀疏鬍子的人，成了猶太人現代精神最強有力的象徵。對於這位出生於德紹（Dessau）的學者，後來在一家紡織工廠擔任主管以維持生活的人生故事，有不少歐洲人都耳熟能詳。在經過啟蒙運動洗禮的圈子中，他體現出一種人的理想，那就是，單憑自己的力量而有所成就；靠著精神氣度、堅強性格克服身體缺陷及相當不利的環境，建造出一條邁向榮譽聲望的道路。他能夠衝破原先生長環境的侷限，不屈不撓地建立起後來人們所謂的事業和國際聲望。而他那數百年來在歐洲文化只佔有邊緣位置的猶太成員身分，卻更加強了他是啟蒙運動英雄的神話。他出乎意料地，成功地在社會上獲取如此這般的核心地位。

從三十多歲到過世期間，孟德爾松的相貌經常受到描繪，所以有不少和他同時代的人都對他相當熟悉。單是在他生前就可以從茶杯、瓷盤、花瓶和獎章上看到他的肖像，彩色圖畫、剪紙、刺繡和雕塑裡也少不了他。孟德爾松外貌的剪影甚至還出現在瑞士神學家拉瓦特（Johann Caspar Lavater）受到爭議的有關相面術的書中。這個人曾經迫使孟德爾松接受一場不太愉快的公開論戰，而在孟德爾松人生中留下一道刻痕。拉瓦特興致盎然地研究了他的臉部輪廓，認為它反映了他的個性：

> 我的目光從他額頭優美的弧線滑到鮮明的眼骨……。眼窩深處住著蘇格拉底般（Sokratisch）的靈魂！鼻樑透露出決絕——從鼻子到上唇優美的曲線——雙唇的高度相當，沒有哪一片比另一片更突出，這一切是多麼協調啊！

拉瓦特繼續寫道，在這名亞伯拉罕（Abraham）子孫的身上，著名的希臘哲人柏拉圖（Platon）竟和聖經中的先知摩西合而為一了。

一位跟孟德爾松同時代，知名的英國作家、出版家兼評論家強生（Samuel Johnson）說：「十八世紀是作家的時代。」在歐洲，閱讀風氣越是普遍，唯有特定、封閉的圈子才熟悉的學者語言拉丁文，就越被擠到邊緣，取而代之的是當地語言的出版品。小說、遊記、歷史以及科學、哲學和詩歌等等的作品替換了具有神學或宗教內涵的書籍。男女讀者的圈子逐漸擴大，而圖書市場也越來越重要。有關當時閱讀風氣的研究都會提到「閱讀的熱忱」和「閱讀革命」。日報和期刊，讀者圈和圖書館都出現前所未有的盛況。作家受到高度敬重，尤其是在作家和文人數量出現跳躍性成長的德語系國家；一七七六年是四千三百，一七八四年是五千二百，一七九一年則達到七千。大部分人都是在大學或政府機關任職，當中只有約百分之二的少數人能夠以獨立作家的身分單靠寫作為生，他們對公眾的影響力與日俱增。就連普魯士國王腓特烈二世（Friedrich II.）也撰寫哲學論述，關切國家研究院的學術工作，並贊助文人、哲學家和藝術家。厚重的百科全書裡記載著當時作家的生平，富人和學者的家中則懸掛他們的肖像。

孟德爾松進入德國文化界這個文人專屬的圈子裡，也躋身於像是萊布尼茲和沃爾夫（Christian Wolf）等等先前世代的思想家，以及當時的作家、詩人、劇作家和哲學家例如雷辛（Gotthold Ephraim Lessing，一譯萊辛）、葛勒特（Christian Fürchtegott Gellert）、克洛普舒托克（Friedrich Gottlieb Klopstock）、韋蘭德（Christoph Martin Wieland）、康德（Immanuel Kant）、赫爾德（Johann Gottfried Herder）或歌德（Johann Wolfgang von Goethe）等人的行列。對猶太人來說，這可是史無前例的成就，而當時的學者、作家們全都注意到了這一點；例如新教傳教士顏尼希（Daniel Jenisch）就把孟德爾松看成是猶太馬丁路德。在他過世之後所出現的，描述他的出版品和上演的寓言劇，都讓他在來世裡跟西方文化和猶太民族的思想偉人例如蘇格拉底、摩西和麥蒙尼德（Maimonides）等人平起平坐。一幅推崇孟德爾松的畫作當中，把他描繪成是死後上天堂的聖者，受到上帝和天使的款待。他的《斐多——論靈魂的不朽》一書乃是轟動一時的成功之作，讓他在許多人眼中成了給人類帶來莫大慰藉的哲人。這種慰藉並不像神職人員所應許的，死亡不是一切事物的終點那般，而是以理性觀點作為依據。

德國的猶太史學家們則自豪地把孟德爾松看成是猶太歷史新時代的開端。要找人來象徵現代猶太文明，似乎再沒有人比他更合適了。人們詳細地重新建構他的生平經歷，並收集他所有的文章以及數百封用希伯來文、意第緒文（Jiddisch）和德文寫成的信件。一九二零年代，為了他的兩百周年誕辰，還開始籌備他那豐富多樣的周年慶作品全集，只是到了一九三八年卻不得不擱置下來。他的肖像出現在許多書上，他那猶太啟蒙運動之父的地位，在德國猶太文明以及整個猶太民族歷史中的典範形象，銘刻幾個世代，無可動搖。特別受到強調的，是他那先驅者的歷史角色，宣告歐洲猶太人正在改變中的社會地位，亦即從舊習中解放、擺脫歧視和限制，並爭取與一般市民平權。

孟德爾松似乎也體現了猶太人和基督徒彼此關係的歷史轉捩點。他跟雷辛所結成的親密友誼成了一種典範、一種令人期待的未來模式。他們雖然成了承認猶太人及其法律上平權的標誌，卻一直要等到孟德爾松過世將近一百年後，猶太人才享有這種平權。在史學家和哲學家眼中，他們的友誼尤其象徵了一種適度的融合，一種不以猶太人受同化並放棄自己為目標的社會整合開端。因為正如同他的多種傳記作者所不斷正確強調的，孟德爾松拒絕了種種企圖讓他皈依基督宗教的嚐試。例如十九世紀最著名的猶太史學家之一葛雷茲（Heinrich Graetz）就非常推崇這位哲學家，以激昂的、形容救世主般的語句把猶太史中孟德爾松所處的時代寫成是「重生」，是猶太民族青年革新、潛藏才能復甦，以及歷史性進展的時代。他認為，在孟德爾松的傳記中，這種典範的、無瑕疵的形象正反映了整個新時代的猶太歷史，甚至是猶太人脫離中世紀黑暗希望之所寄。

葛雷茲以及和他一樣的學者們，把孟德爾松看成是超越平凡的偶像。他們都在自己的學術論文中反思了孟德爾松在德國猶太人集體記憶中的顯著地位。孟德爾松是大家能夠輕易加以認同的猶太人，他給猶太界帶來榮耀，證明了一個熟悉德國文化和語言的猶太人，可以是忠誠可靠的德國公民，也同時能夠維護自己跟猶太社群以及猶太文化根源的關聯。在許多同時代人的眼中，他是德國猶太解放時代以及融入中產階級的典型。他們還可以把他看成是猶太人融入國家、社會時可靠的保證人和首開風氣者。於是，對於長久以來必須不斷重新提出自己身為社會一分子資格證明（和多數人一樣，以及和他們相融合的能力）的德國猶太界來說，這位具有歷史意義的孟德爾松就成了寶貴的資產。對於所有沈浸在猶太人和德國人共存共榮遠大夢想的人而言，孟德爾松乃是理想的典範。

不過，孟德爾松的神話越是綻放光芒，在當時日漸分裂猶太界中的保守派陣營，也就越汲汲於策動反神話。正統派堅決抗拒「猶太人的改變與命運轉捩和這位具有歷史意義的孟德爾松息息相關」的觀念，也否認衝破「以社群為基礎並謹守傳統和宗教」等猶太生存藩籬的必要性。他們滿懷憂懼地看著現代化的進程，並預告既有體制的總崩潰。對於那些不是以《妥拉》（Tora）為依據的知識領域，尤其是對哲學的開放，在他們看來乃是通往異端的門戶。他們全都以恰好相反的意義來引用孟德爾松的文字。在他們眼中，孟德爾松根本就是具有魔鬼破壞力量的歷史人物；包括受到同化、傳統社會分崩離析、背棄信仰、政教分離，乃至削弱拉比精英權威等等危機，全都歸咎於他。他們對於過往所描繪的景象，跟開明的、受過教育猶太人的看法，正好相反。他們的中心議題其實是，認為開明派正在暗中策劃陰謀，反對傳統和拉比，是一場全面且無恥的叛亂。在堅決反對孟德爾松的人當中，有一位是索佛（Moses Sofer）拉比的學生施雷辛格（Akiva Joseph Schlesinger）。施雷辛格以身為正統宗派的先賢而聞名。這一派抗拒猶太教的現代主義傾向，把孟德爾松看成是煽動並帶頭反叛猶太教的人，是個把外地妓女帶到希伯來人當中，心懷不軌地使人們偏離正道的始作俑者。

基本上，不論是推崇或中傷孟德爾松的人，在把他看成是歷史人物的說法及做法上，極為相似。支持神話或是反對神話的兩方，都把他形容成是超人，具有震撼並扭轉猶太歷史巨輪的強大能力。不論好壞，孟德爾松都可看成是新時代總體變化過程的象徵和發動者，這包括啟蒙運動、宗教改革、世俗化、同化、融合，以及所有通常被界定成是近兩百年猶太人歷史現代化過程的事物。而兩派陣營也都只呈現孟德爾松單一的面向，一邊是歷史偶像，另一邊則是惡魔及動亂的領導者。

個中原因是，在這位哲學家過世之後數十年，創造孟德爾松神話的人仍然憑藉著當年和孟德爾松同時代的人所打下的基礎行事；不論是猶太人或基督徒，都在他身上看到一樁空前的歷史事件。後來的幾個世代裡，這位歷史性的孟德爾松就成了猶太教當中各個意見領袖手上的玩物；每個宗派都以他的名字為旗幟，把他霸佔成對某一世界觀的支持。有的人是為了猶太現代精神、社會和文化的開放而利用他來鞏固自己的論點；有的人則是以他來加強自己保守派的見解。不過，我們當代的史家們都已經指出，猶太人的現代化有多麼複雜，改造和變化的軌道是何等多樣。早在孟德爾松登上歷史舞台前幾十年，西歐有不少猶太社區，例如位於阿姆斯特丹和倫敦，已發展出一種現代的生活方式，而在東歐或是在回教國家裡的猶太社群，卻是到了十九世紀最後幾十年才開始遠離種種傳統的生活軌道。這些變化都是導源自和孟德爾松並無關聯的歷史、政治、經濟和文化的發展。即便對自己所處的世代如何意義重大，把迥異的現代化過程投射到某個個人身上的想法，在今天看來都稍嫌天真且過度簡化了。

本書的詮釋刻意避免把孟德爾松視為一種象徵、典範或是開啟一段影響深遠歷史過程的領銜人物，也無意把他描繪成神話英雄或反英雄；只想在他那複雜而又吸引人的形象當中呈現出一位偉大的猶太哲學家，他在十八世紀後半登上其他猶太人所無緣擁有的社會地位。孟德爾松終其一生致力於以書寫為他所處時代的哲學研討做出貢獻，另一方面卻又想跟公眾保持一定的距離，以便在他的工作室、家庭和社群、紡織工廠和猶太會堂中，擁有自己的私人生活。

不過，發表文章和逐漸成名必須付出代價。孟德爾松雖身在猶太社群裡，卻決定結交歐洲知識分子，導致後來他不斷被逼上舞台而成為眾所矚目的對象。不論對他好奇、感興趣，認同他或是批評他的輿論界（文藝圈的現代產物）都對他亦步亦趨，而他所從屬的社會圈子更是被公認為文化和精神界的塑造者。孟德爾松很快了解到，自己就站在公眾的測試台上，知名度也擴大到猶太社群裡。一方面，猶太社群的長老們為所加諸他的聲譽感到驕傲，有時更會帶著自己所關切的事項求助於他，請他擔任代表，謀求猶太人的利益。另一方面，他那非傳統知識分子的特殊地位，卻又一直在拉比精英階層眼中顯得可疑。

處於輿論當中的孟德爾松，必須經常跟本行或外界的相同信念者或對手較量。他可以說是屬於頭一批在現代化的迫使之下，不得不直接跟所帶來的困境和挑戰相對抗的猶太思想家。同時他在歐洲啟蒙運動和傳統猶太文化複雜的相互遭遇當中，也必須表達出自己的價值規範，並解決由這場相遇所產生的窘況。此外，他也被迫去面對來自四面八方的輿論批評，並捍衛自己的價值觀。這些批評者包括努力想了解這件歷史大事意義的非猶太知識分子和神職人員，以及害怕自己的地位和權威受到動搖的猶太拉比們。

在孟德爾松所置身的，要求現代化的十八世紀後半環境裡，這種困境和內心疑惑、這些矛盾和挑戰，不僅見諸於學堂或是猶太社群的封閉圈子，以及猶太人所臣屬的妥拉語境當中，並且一如前述，也出現在公眾輿論，也就是報紙、學術期刊、學者閱讀圈、咖啡館、文學沙龍以及孟德爾松所屬的開枝散葉的通信網絡中。他的公眾能見度不但迫使他萬分小心，也不只一次地讓他期望落空，必要時，更要為自己的價值觀而戰。孟德爾松的能見度也引來一些令他大感沮喪的事件，因為這些種種如此殘酷地違背了啟蒙運動的精神，而讓他有所隱瞞；例如一開始所提到對他一家人的攻擊事件即是。

孟德爾松必須在公眾面前通過啟蒙運動的考驗。十八世紀西方文化中，「啟蒙運動」概念是一種相信人文主義價值以及宗教寬容的思想潮流，把自由、幸福看成是人的權利，並倡導改革，讓人類社會變得更為美好、更有人性。不過，啟蒙運動並非一蹴可及；更確切地說，啟蒙運動有著各式各樣的觀點、代表人物以及因地而異的不同宗旨和綱領。例如法國啟蒙運動的特色是嚴厲批評教會，有些人甚至是政治煽動。德國的啟蒙運動就相當溫和，一般都是對新教或天主教的主張，沒有激進的政治批評，代表忠誠公民的理想，擁護者則有公務員、教師、學者和神職人員。

人人都投身啟蒙運動的議題，也就是透過理性和適當的教育來改善社會。根據啟蒙運動者的理念，有責任感的統治者會頒佈明智的法令，讓正義得以實現，也因此人會較快樂、較正直、較能感知周遭環境、較有道德，也較能獨立自主。即便許多這些崇高的目標後來仍舊是夢幻泡影，啟蒙運動至少還有一項偉大的成果，就是讓有現代化意識的學者們成為社會的中流砥柱。正是這些啟蒙運動者，在影響深遠的革命性步驟上開創了一個對話空間，一個公共領域；這意味著溝通，知識、觀念和意見的交換，並透過文字印刷加以傳播。就是這些人創造了「公眾輿論」，而能密切追蹤公領域的事件，並以批判性的態度來評定觀念和行為。他們把歷史思維植入十八世紀人們的意識當中，為那些剛從僵化思想醒覺過來的人們宣告日後的進步。孟德爾松就是當時啟蒙運動中舉足輕重的代表之一；且顯然地，他也是最重要的塑造者之一。

就歐洲猶太人的觀點來看，啟蒙運動也在公眾意見當中創造了「猶太人問題」，人們討論，可能的話，猶太人要以什麼方式成為這個新時代的一分子。如果，直到當時，基督神學思想都還是歐洲社會與猶太教、猶太人關係的觀念基礎，那麼啟蒙主義文化的推廣也就提出了一系列新穎且相當世俗的問題，比如：猶太人應當跟國家處在哪一種關係？他們仍有權利和猶太自治社群相依屬嗎？那種必要時甚至可以強制實施的宗教律法權限，還可以繼續留在猶太權威手中嗎？猶太人應當接受什麼樣的教育、從事哪些職業、說哪個語言、穿著哪種服飾、如何度過空閒時間？

若干啟蒙主義者（此處尤指伏爾泰）認為，猶太人的民族性相當敗壞而無可救藥。根據他們的看法，猶太人應按照一種以世俗法則為基礎的制度生活，而不是一個讓公民社會隔絕的群體。也有不少人要求，那些產生自啟蒙運動普世價值的結果也應當適用於猶太人，因為這類價值觀把人看成人，而不計較其歷史、宗教和種族的屬性。依據他們的說法，宗教寬容的原則應當是一體適用，並解除對猶太人具有歧視性的限制；尤其這些限制都是落後已久黑暗時代偏見的遺物。

啟蒙運動以劇烈的方式改變了遊戲規則，把猶太教和基督教的關係世俗化，並把兩者之間的神學鬥爭逼到邊緣。這種世俗性的對話也給猶太社會帶來挑戰。猶太有識之士認為，內化啟蒙運動的價值是正確的，並期待歐洲猶太人的生活產生重大的變化。他們在十八世紀，尤其是最後二十五年間，指出事情的必要性，也就是促進啟蒙運動和宗教寬容，並支持實踐寬容原則的政府，特別是八零年代由約瑟夫二世所主持的奧地利政府。不過，尤其是保守派的拉比卻大加反對。他們擔心，啟蒙運動，特別是理性主義哲學和現代化教育的建構，會對宗教傳統造成重大的不利影響。

猶太人的生活在許多面向比以往更加複雜了。受過教育且贊同啟蒙運動的猶太人和他們正統派的反對者之間，開始形成了幾條鬥爭路線。不僅如此，啟蒙運動也讓猶太人長久以來頭一次期待著能夠有關係著福祉的改變。只要這種對改變的期待在可預見的未來中沒有通過考驗，重大的失望沮喪也就不致出現。決定宗教世界觀和實際生活準則的「他者」與「我們」之間的界線，一直是明確而不容忽視的。人們所夢想的未來景象，有著上帝解救脫離流亡和末日願景的色調。如今有了啟蒙運動，並讓未來在全新的光輝裡出現。儘管孟德爾松並不是天真的樂觀主義者，但他還是屬於那種有所期待的猶太人，希望啟蒙運動為他們帶來較有尊嚴的生活，擺脫遭受屈辱的限制。所以他對有關猶太人好壞的輿論評價，有特別敏感的反應。啟蒙運動中受到挫敗的若干情況帶給他沉重的打擊，直到他過世之前都難以釋懷。

所以當我們接下來探討孟德爾松形象所涉及的，就不只是他人生各階段的呈現及其哲學作品的重構，更是進一步以他為例來揭露猶太人在面對現代化時所身處的困境。越是進入孟德爾松的心靈深處，兩種形象之間巨大且具悲劇性的張力也就越加顯著；一個是啟蒙運動的自由鬥士，致力於以理性、道德和人性的名義把宗教狂熱、政治壓迫和迷信從世上除去；另一個則是敏感而脆弱的人，在面對自己將之形容成是強大而不敗的「幽靈」勢力時，所感受到的無力、無助和沮喪。在生存層面上所涉及的，是兩種身分之間的緊張衝突；一是他身為家喻戶曉的哲學家而有能力去突破德國人眼中「他者」的界線，另一則是身為柏林猶太人在普魯士王腓特烈二世治下所感受到的不合理歧視。他那以人文主義審視人類生活的觀點，使他更明確瞭解到，即使是在「已啟蒙」的世界中，他的猶太身分仍然決定了他的「不同」。這在孟德爾松心中激起了啟蒙運動被判定必然失敗的痛苦感受。

有關他生活和作品的豐富文獻，尤其是他的許多論文和信件，使人可以深入他的世界而稍微了解到，身為在社會上享有高聲望的德國啟蒙運動建構者之一，同時又是歐洲猶太文化革新者之一的內在困頓、希望與失望。不斷以啟蒙運動作為標準來質疑現實，正是孟德爾松生活所從屬的標記。他讓啟蒙夥伴、猶太社群成員以及他自己都臣服於此。而面對現代化的作為是，在公領域嘗試探測啟蒙主義和人文主義的價值對於少數猶太族群的適用性；猶太人的內部討論，反而考慮有關開始轉變傳統猶太文化的可能性，而這文化原先幾乎全由猶太拉比精英所掌控。至於孟德爾松的人生是如何出現這種決定性的轉變？也就是，原本學習妥拉，而有心朝向聖經學者精英路子的優秀猶太青年，為何後來卻成了名聞遐邇的德國猶太哲學家？這可以從他的早年階段來探討。

02

從德紹到柏林

——一段出乎意料的人生進程

一七六一年，也就是孟德爾松三十二歲那年春天，他拜訪了一位東歐系猶太教卓越的拉比，一位擁有許多學生的教師和傳道者艾伯舒茲（Jonathan Eybeschütz）。可以想像，當時孟德爾松希望艾伯舒茲會因為他的塔穆德知識而授與他一個拉比職銜moreenu（我們的老師），或至少是chaver（同伴）。身為社群拉比的艾伯舒茲是擁有這項權力的。漢堡、阿爾托納（Altona）和凡茲貝克（Wandsbek）三個社群都歸他管轄。艾伯舒茲在一七五零年代曾遭到和他敵對的恩登（Jacob Emden）拉比指責；恩登認為艾伯舒茲暗中加入沙巴台（Sabbatai）團體，且相信沙巴台次維（Sabbatai Zvi）救世主派遣的使命。恩登強調，艾伯舒茲將裝有沙巴台講道內容的護身符發給懷孕婦女，為她們在分娩時提供保護。不過，就連這種抨擊也動搖不了艾伯舒茲身為拉比精英領導成員的威望。至於孟德爾松和艾伯舒茲單獨會面之後的進展就不得而知了。然而，孟德爾松的博學必定讓這位拉比印象深刻。艾伯舒茲測試了他，而他對猶太律法乃至哲學和科學方面的知識都令艾伯舒茲感到訝異。艾伯舒茲讚賞有加，甚至把孟德爾松形容成是聖經中的摩西：「因為摩西的手『沉重』（出埃及記17，12）」且價值非凡，也伸向許多不同的知識領域。

儘管有艾伯舒茲的親口讚賞，在阿爾托納的這場會面並沒有帶來拉比資格的認可。艾伯舒茲似乎碰到了嚴重的兩難，他應該把拉比的職銜授與一位以德語在非猶太學者文藝圈裡發言的猶太哲學家嗎？把拉比職銜授與一位就猶太人的理解而言，跨出了史無前例的一步，並越過了猶太人內心世界和非猶太人外在世界分界線的人，適合嗎？可將chaver（同伴、朋友）這個拉比榮銜授與孟德爾松，而讓一般大眾也把他看成是猶太宗教學者嗎？

最後，艾伯舒茲決定只寫一封推薦信，而沒給孟德爾松任何正式的拉比職銜。艾伯舒茲所給的理由是，chaver職銜對於一位像孟德爾松這種格局的猶太人而言，多少有點微不足道。另一方面卻也不能授與他具有宗教司法職權的morenu（我們的老師）頭銜，而能合乎宗教法規；因為孟德爾松還是單身，而已婚是這項稱號的必要條件。

於是艾伯舒茲寫道，他只能為孟德爾松送上他的祝福以及具有宗教操守的資格證明。

艾伯舒茲在這次會面中似乎掌握到青年孟德爾松所經歷且體現出的變化，他於是迴避了孟德爾松不能如願的要求，費心維護了拉比的利益，排除並不完全符合他們理想人選的，成為猶太宗教精英一分子的資格。就算艾伯舒茲並沒有這個意圖，這項決定卻是個影響深遠，其意義卻無法預見的一步。從這一時間點開始，孟德爾松不再在拉比學界發揮哲學和文學的影響力，而發展成猶太非拉比精英中優異的代表人物。這一非拉比的精英體系跨越了奠基於妥拉的宗教、猶太會堂和學堂為根據的教育界線，而在一個新的、世俗的哲學和文學的領域展開工作。

毫無疑問，偏離猶太宗教學者既定軌道，對孟德爾松的人生具有決定性的影響。早在未成年時期，這位來自德紹的優秀青年就已經走上一條預定給塔穆德學生、學者和拉比應走的路子了。在現代化之前的猶太社群當中，對一位具有知性秉賦的年輕人而言，進入拉比精英的道路乃是唯一受到尊敬和承認的生涯規劃。艾伯舒茲拉比很可能會認為，孟德爾松早該擁有chaver（同伴、朋友）的名銜，跟他同位階的塔穆德學生到了二十歲左右通常就會擁有這項稱號。不過孟德爾松在二十歲時已經走上了另一條路，也就是成為德國猶太作家以及柏林啟蒙主義哲學家這條不尋常的生涯道路。這種從傳統道路的偏離，其意義無法估量。身為猶太人的孟德爾松是從「外界」，也就是從一般大眾幾乎感受不到的周邊，一個封閉而具有排他性的猶太精神世界，過渡到歐洲文化和哲學的世俗界。這種不尋常的變化是如何完成的呢？

一七二九年九月六日，在侯國安哈特德紹（Anhalt-Dessau）的首都德紹的史皮塔巷（Spitalgasse）十號，摩西．孟德爾松出生了。父親是妥拉抄寫員孟德爾（Mendel，又名蒙納亨Menachem），母親是貝拉．拉荷爾．撒拉（Bella Rachel Sara）。他出生時所屬的社群對十八世紀德國猶太人而言是很典型的。那是個十七世紀末才形成的相當小的生意人社群，只有幾百名猶太人。當時在波蘭和立陶宛才有猶太人的重鎮，聚居了數十萬名猶太人。由於三十年戰爭的影響，德國距離政治上的統一還遙遙無期。神聖羅馬帝國的德意志

．孟德爾松在德紹出生的房子，畫布上的油畫（約1800年）

民族在地理、語言和文化上都是分裂的，有著三百多個獨立的政治單元。孟德爾松小的時候，許多這種小邦裡頭有不少猶太小社群，當中猶太人口總計不超過七萬。到了十八世紀，這些因為信仰戰爭而元氣大傷的德意志小邦都經歷了復甦的過程。許多當權者所採行的專制政體都崇尚中央集權，中央政權及其官員擁有許多權力，對他們自己領地上發生的大小事也都可以全權處理。而劃分階級的社會結構，原則上並沒有發生變化，像是「自由」和「平等」的概念也只停留在學者的理論思維當中。不過，「國家富強」的原則在當權者及其官僚機構做決策時，還是有助於在司法、行政、經濟和軍事上的合理和一致化。

這些變化也影響了在不同德意志小邦中生活的猶太人。從事經濟活動的大門，不但為當中較為富有的人打開了，也為各方面提供了機會。這些富有的精英們在專制小邦經濟的金錢和貨物交易當中扮演了關鍵性的角色，當中若干代表人物還是輔佐諸侯的宮廷猶太人，多方參與了各個邦國軍事和經濟的建構。隨著財富的成長，這些精英也利用了他們的地位來援助和發展猶太社群。宮廷猶太人、商人和製造業者則得到特許證，甚至可以在沒有猶太社群的地方定居，並開辦猶太人的，尤其是會堂和墳場等設施。雖然這些新的金錢貴族常常因為獨佔行為而受到批評，他們卻確實構成了德國不少猶太社群的骨幹。社區的領導階層，亦即社群的代表，通常從這些精英網羅而來。德紹社群的情形亦同；有著領導頭銜的宮廷猶太人摩西・班哲明・沃爾夫（Moses Benjamin Wulff）便多方參與德紹社群的發展。由於每天和基督教貴族的統治階級爭論，並努力展示財富來表現自己的經濟地位，這些精英當中的代表者乃是德國猶太人裏，第一批擁有歐洲文化和生活方式並且說當地語言的人。不過，直到十八世紀末，當中大部分人依然固守著傳統的，以妥拉為依據的生活方式，並堅持猶太人行政和司法上的自治體制。他們在這方面投入了可觀的款項，作風儼然是宗教精英的贊助者。例如，有一間給塔穆德學生的，進修高等宗教律法的宗教學院，就是屬於沃爾夫的產權，此外，一家希伯來文的印刷廠也由這位富有的贊助者保護和資助。

儘管母親撒拉跟社群長老伊里亞胡・沃爾夫（Eliahu Wulff，也就是摩西・班哲明・沃爾夫的兒子兼繼承人）有親戚關係，孟德爾松的家人並不屬於猶太經濟精英。父親蒙納亨所從事的會堂服務、妥拉抄寫以及兒童教師的工作，讓他身處社會底層之一。社會地位所產生的自卑感終其一生伴隨著孟德爾松，即使到了功成名就的時候，他也不把自己看成屬於猶太上層階級。然而，他從小就具備求知慾、天分、恰當的血統，以及懂得適切評價宗教研修重要性的生活周遭等等，所有有助於成功宗教生涯的上天贈予。早在cheder（小學）頭幾年，他的心智能力就已經顯現出來。了解塔穆德若干議題的能力，是遴選少數適合到更高級塔穆德學校進修者的最重要標準。眾所周知，這種傳統的教育體制並不提供其他生涯的可能性。能夠獨力研習塔穆德，並對宗教律法的注解做出修正補充的猶太經師，乃是唯一受到認可的典範，當時也沒有其他的養成道路，足以支持他質疑這種地位。宗教決定世界觀、價值規範和生活準繩，並體現在妥拉的研讀以及律法的實踐當中。

如同現代化之前的大部分猶太社群，一七三零年代德紹的家族、社群和拉比領導階層也都一致認為，應當支持猶太經師精英。孟德爾松的家族宣稱他們跟某一顯赫的拉比世家有親戚關係。母親是來自波蘭一個相當富有的學者世家，其中也有摩西・以色列的後代。摩西・以色列（Moses Isserles，亦稱瑞馬Re MA），來自克拉科夫（Krakau），是十六世紀最重要的拉比名士之一。除了財富、參與社群運作以及拉比職務之外，「高貴的」家世也是社會地位的保證之一；而瑞馬的血統更確保了特別高的威望。也因此，讓年少的孟德爾松跟著偉大先人足跡前行的動機是很強大的。可以料想，他的父母之所以為他取名摩西，是因著在德紹享有高聲望的宮廷猶太人摩西・班哲明・沃爾夫，也因著這位摩西・以色列的緣故。

不過，正如最重要的孟德爾松傳記作者阿特曼（Alexander Altmann）所恰當指出的，在使孟德爾松躋身於宗教精英行列的準備工作上，法蘭克爾（David Fränkel）拉比必定扮演了父親般關鍵的角色。至於孟德爾松跟生父之間的關係，幾乎找不到資料，所以可以假定，他在這個孩子的宗教教育上應該沒有甚麼重要性。孟德爾松出生那年，他父親已經四十七歲，屬於會堂僕役的低階層，在自己兒子的眼中是「舊世界的人」。那時，塔穆德學者的養成教育由重要的拉比管理，他們也擁有地方上塔穆德學校的領導權。

從一七三七年開始在安哈特德紹邦擔任拉比的法蘭克爾，就完全代表這種學者類型。他把心力奉獻在社群的任務上，在當時非常罕見的耶路撒冷塔穆德研究，展現了特殊的創造力（為此，他寫了自己的評論Korban ha-Eda「社群奉獻」），並把麥蒙尼德的著作納入宗教學習當中。他在一七三九年就印行了宗教法典「密序那妥拉」（Mishne Tora）的新版本。法蘭克爾得到富有社群成員的資援，獎助年輕學生，並在自家帶領塔穆德學校的研習，孟德爾松十一歲左右得以開始在此唸書。學校約有三十名學童學習塔穆德，並深入研究Shulchan Arukh的律法，這是由約瑟夫・

卡羅（Joseph Karo，譯註：西班牙籍拉比、卡巴拉學者，1488-1575）所寫的重要猶太法典。為了這個目的，法蘭克爾的宗教圖書室也提供給他們使用。

第一篇出自孟德爾松手筆並保存下來的文字，是他十三歲生日之前一個月在拉比家所寫的，當時就展現了這個孩子的豪情壯志。一七四二年夏天，他在謝施特（Isaak ben Scheschet，別名RiBaSCH，譯註：西班牙籍猶太經師，1326-1408）答辯文集的封面寫了幾行對他所尊崇拉比的敬愛之情：

> 寫於精通妥拉，出色又優秀的拉比學者兼卓越加昂（Ga'on，即塔穆德學者）的家中。他是我們頭上的冠冕、美的花冠、神聖的王冠，是熱愛以色列的人。他是族裔的光彩、流離失所的支柱，他是我們尊敬的導師大衛拉比。他光芒四射，是撰作耶路撒冷塔穆德注解和釋義的人。願耶和華延長他連同所有靠他庇蔭的人的年歲，直到示羅（Schilo，即救世主）來臨。他是法庭的首席，是此地神聖德紹社群學府的首腦。

這種對運用短語和拉比術語華美文字的掌握，並且用這些話語來獻給自己恩師以表示高度推崇的手法，都證明孟德爾松早在年少時就已熟悉猶太經師的世界。這段文字表現出他擁有塔穆德及律法學術的倫理精神，而他那獨特的語言，也顯示出倫理所賦予拉比的重要地位。要是孟德爾松照著期望走上拉比生涯之路的話，過不了多久，他一定可以擁有全部猶太人在宗教學問方面所能取得的傑出知識成就和榮銜。

一年後，孟德爾松朝這方向跨了一大步。一七四三年夏天，法蘭克爾接任柏林社群拉比職務，十四歲的孟德爾松，決定離開在德紹的父母、兄弟紹爾（Saul）和姊妹妍忒（Jente），到柏林去。修習塔穆德的學生在求學期間追隨自己的拉比由這間學堂到那間學堂，並造訪妥拉學術的各個重鎮，在當時是相當普遍的。不過，遷到柏林對孟德爾松的人生卻是意義重大，因為這個年輕人在這裡脫離了既定的軌道，竟然從猶太經師變成了哲學家。

這個瘦小羸弱的年輕人要從家鄉德紹步行一百四十公里到柏林！即使這戲劇性的故事無法證實，而且就算他很有可能是靠郵車才到達目的地，至少他跟柏林城門猶太守衛之間的理論內容，倒是留下了紀錄。那時的情形是，一直要到相信孟德爾松確實是為了妥拉的修業來到柏林時，守衛才肯放行。

這一幕顯示了在普魯士腓特烈二世統治頭十年，王國內猶太人的生活處境。當時普魯士採行專制主義，致力於建立更有成效的中央集權，並且全面制訂臣民的生活規則。這就對所有的，尤其是柏林的猶太社群，產生直接的影響。一方面，霍亨索倫王朝（Haus Hohenzollern）的主政者及其幕僚，對於宗教上少數民族的工商發展（當中自然也含括了擁有錢財和事業心的猶太人）顯露了極大的興趣，他們甚至能夠做出某些讓步，以便持續擴展讓資本不斷流向國庫為基礎的重商主義經濟架構。但另一方面，他們對猶太人也施行了嚴格而絕無妥協的人口管制政策。自從一六七一年「偉大的選帝侯」腓特烈・威廉（Friedrich Wilhelm）恩准猶太人重新移居柏林以來，盡可能限制他們在首都的人數便一直是預先所做的聲明，而且只以對王國有用處、為國家服務，或是對社群和宗教設施的運作不可或缺的猶太人為限。

普魯士這項政策在很大程度上形塑了柏林社群的特質。大約十五個主要從事貿易、銀行和紡織業的富裕家庭形成了該社群的骨幹。他們的兒女在這個猶太豪門圈內聯姻。越來越多成為新貴階級的代表人物彼此結親，例如在孟德爾松時代，易奇熙（Daniel Itzig）和艾夫蘭（Veitel Heine Ephraim）兩人連同各自的家族更具有極大的影響力。普魯士的經濟制度完全不是自由體制那回事，專制主義的特徵乃是對經濟和金融活動嚴格的監督控管。猶太人幾乎是通行證、特別賜予、當局批准、許可證，付費執照、賦稅以及規費的附屬。普魯士讓猶太社群的首長和部屬自己負起貫徹猶太人政策的責任。他們不僅必須通報猶太人數量的變化，也有義務把非法移民阻擋在市界之外。居無定所的猶太乞丐和兜售小販不受歡迎。柏林猶太社群的性質，受到普魯士專制和國家經濟利益緊密結合所導致的監督、管制和懲罰的氛圍所籠罩。

不過，儘管有嚴格的規定和在城門所安排的崗哨，猶太社群還是出人意表地成長起來，在一七四零年代已經達到兩千人。富裕的猶太人擔任社群首長，發揮官方所要求的控管功能，卻又不至於鬆動他們的價值觀以及和社群之間的聯繫。這些猶太經濟精英仍然忠於傳統的價值和典範。至少在十八世紀末之前，儘管猶太經師和拉比們實際的權威並不能同管理階層社群首長的影響力相提並論，他們的社會地位卻還能得以確保。

這名來自德紹的十四歲少年，雖然無法出示地方首長的通行證，因其法律地位不過是個外地人，但由於被認做是修習塔穆德的學生，在法蘭克爾拉比保護之下，在學堂中學習，並且在社群中有名望的家庭裡免費住宿（法定登記為受到班貝格家Chaim Bamberger的保護），所以可以相當安穩地在市內居留。一七四零年代中期，孟德爾松的世界仍然侷限在猶太人的環境中，例如在柏林市中心猶太社區的街巷裡，在普羅伯斯特巷（Probstgasse）班貝格家供他過夜的閣樓上，在為他和其他塔穆德學生免費提供伙食的猶太人的家屋，在一七一四年於海德羅伊特巷（Heidereutergasse）內所建造的富麗堂皇的會堂裡，以及在會堂旁法蘭克爾拉比的家和由他所帶領的學堂等等。當時孟德爾松的精神世界只含括宗教精英圖書館所提供的那些；圖書館的主體是塔穆德經及其註釋，和其他律法的作品，此外只一小部分涉及通俗的道德和修養書籍。

孟德爾松首度偏離拉比的生涯歸因於兩種機緣，亦即，在圖書館中對某些書籍的選擇，以及年輕時跟三位獨特猶太人的交往。孟德爾松去柏林的前一年，來自阿姆斯特丹的改宗者，也就是德紹附近耶斯尼茨（Jessnitz）希伯來文印刷社社長亞伯拉罕（Israel ben Abraham），發行了麥蒙尼德重要而影響深遠的哲學著作「徬徨指津」（More Nevukhim）。這本書寫成於十二世紀，十五世紀末才在義大利首度印行，出了兩版之後（最後一版在一五五三年），將近一百九十年間都沒有再印行，

· 海德羅伊特巷內會堂的內部陳設，郭柏霖（A. B. Goblin）的書（約1720年）中維爾納（Anna Maria Werner）的銅版畫

直到一七四二年再版。不過在東歐系猶太人的宗教養成教育中，中世紀的猶太哲學一直是一群少數者的精神資產，並未中斷過。相較於哲學理性主義的思維架構，當時卡巴拉（Kabbala）的觀念、概念和奧秘倒是吸引了更多人的注意。甚至還有執守一道出自十四世紀禁令的拉比，因怕危害到信仰的完好而禁止哲學研究。

一七四二年藉由重新發行，讓《徬徨指津》再度成為猶太經典，這意味著一個轉捩點。孟德爾松在柏林修習塔穆德的頭幾年發現這部著作，並非常興奮地詳加研讀。從人生早期階段直到過世之前，他不斷把麥蒙尼德的知性典範內化，其中的訊息是，凡有能力使自己思想深刻成熟的人，都有義務藉由理智來奮力追求完美以及對真理和上帝的體認。多年之後，孟德爾松依舊把他肢體的疾患，乃至駝背，都歸咎於這種格外的辛苦工作，也就是年輕時對研究麥蒙尼德忘我的投入。孟德爾松的第一位猶太傳記作者歐宜赫（Isaak Euchel）以孟德爾松自己的名義寫道：「他（麥蒙尼德）損害了我的身體，也因為他，我變得虛弱。無論如何，我向他獻出巨大的愛，因為他把我生命中許多痛苦的時刻轉變為喜樂……」

十二世紀想要彰顯猶太宗教的一部哲學著作，滌除了所有神化身成人和迷信的元素，在這名塔穆德學生心裡喚起了對抽象觀念、對真實性以及對純粹且清楚定義，也就是，對哲學的嚮往！在孟德爾松致力於熟悉中世紀猶太哲學的世界時，薩摩奇（Israel Samoscz）對他有很大的幫助。薩摩奇從中歐的加里西亞（Galizien）來到柏林。一七四零年代期間，因著獨特學者的身分，從富有的贊助人得到保護和資助。一七四四年，當提本（Jehuda ibn Tibbon）的哲學辭典《高貴的靈魂》（Ruach Chen）也在耶斯尼茨印行時，薩摩奇為這部著作貢獻了自己的一篇評析。後來他甚至評注回教西班牙猶太人「黃金世紀」時的倫理學和哲學經典級著作，也就是十一世紀帕庫達（Bachia ibn Paquda）的《心靈的責任》（Chovot ha-Levavot），和十二世紀哈勒維（Jehuda Halevi）的《庫薩里》（Kusari，是國王的名字，出自Khazaria王國）。要擔當少年孟德爾松的導師，再沒有比大他將近三十歲的薩摩奇更合適的人了。不過，薩摩奇對他而言顯然遠超過一位講授學堂的私塾教師，在這種學堂裡，沒有像薩摩奇所寫的文章可讀。薩摩奇對科學和哲學的投入是孟德爾松整個世界觀的基礎。薩摩奇毫不退縮地批評自小耳濡目染的拉比文化，批評它的侷限和僵化。然而，最令他憤怒的，是宗教學者把自然科學和哲學看成是「膚淺學問」而加以輕視。

不過，可別誤以為，薩摩奇致力於開拓拉比精英子女的知識視野，是為了挑戰猶太教或破壞信仰的基礎；正好相反，他認為他的批評可以為信仰除去汙垢、提高宗教學識的價值並清理世上的無知。薩摩奇一生「忠於妥拉」並隸屬於宗教精英。但話說回來，他同時也算是十八世紀開始出現變化時的代表，而且也使得年少的孟德爾松為這變化感到振奮不已。

熟悉這種對拉比精英採取批判性的，就性質而言是改革性觀點的學者們，憂心猶太人比基督徒還低的教育程度。他們不斷致力於抗拒褊狹無知，並汲汲恢復長久受忽略的自然科學、文法和哲學研究的傳統。這些學者參與了一個非比尋常的社會文化過程，而導致猶太人當中新精神精英的養成。

一七四零年代的柏林，孟德爾松和薩摩奇並不是唯一參與這個過程的人。來自布拉格的醫學生奇希（Abraham Kisch），以收費方式教孟德爾松拉丁文，從而為他打開了一扇當時大多數拉比精英無法進入的歐洲學術著作的門戶。孟德爾松從交往密切的龔培茲（Aaron Gumpertz）身上還得到更強有力的支持。他成為這個青少年最重要的導師。這位有名望商人家族的後代比孟德爾松大六歲，是個滿腔熱血的知識分子。他憑藉自己強烈的求知慾，以及認識並開拓視野的努力，激勵了孟德爾松。孟德爾松在這位敬愛的少時好友過世幾年之後寫道，凡是他自己在知識上所達到的一切成就全都歸功於龔培茲一人。龔培茲激發了他對科學和哲學的愛好，是他求知若渴學者的榜樣。

龔培茲也為他指出，通向所嚮往的學者和哲學家典範的道路也可以藉由與基督徒相處而達成；也就是，透過孟德爾松十六歲時跟他一起上的文科中學的教學課程，透過兩人彼此密切的通信，以及透過努力找出進入柏林學者圈的門路。龔培茲勤於尋找老師和贊助者，並經常接觸皇家科學院的院士，不過幾乎都令他挫折失望。他在學術上最大的成就是醫學博士的學位，只是他對醫療工作不太感興趣。他雖然有淵博的知識，著作卻相當稀少，包括一本用希伯來文寫的薄薄的論文，解析十二世紀艾斯拉（Abraham ibn Esra）對舊約五經卷的評注，後頭再附上一篇談科學價值的文章。

龔培茲年紀輕輕就過世了，孟德爾松似乎在自己的人生中實現了導師兼知己，也就是龔培茲的夢想。他繼續自己的研究，藉由獲取並精進德、法和英語不斷拓展新知，得以更加認識他所處時代的哲學著作。孟德爾松在談到自己時，常常說他從來不曾上過大學，不曾聽過學院的講課，一切全都是靠自己的辛勤努力而獲得。由此可見，孟德爾松本人體現了啟蒙運動的理想，也就是，人透過自己的天生稟賦和理性，把命運掌握在自己手中，從而跳脫原先生長的環境，開闢自己人生的道路。而知名哲學家的路子對他而言其實是始料未及的。

孟德爾松並沒有寫下自傳以描述他那驚人而絕非理所當然的變化，也就是如何從塔穆德學生的宗教知識世界，轉換成廣泛與深刻有如「科學和藝術圖書館」的學者和哲學家。不過，從他的私人信件和理論文章還是可以得知，他的向學心從一七四零年代末轉變成強烈的欲求，想要擴展自己智識的眼界，不斷找出科學和哲學的新書，並投入一連數小時的思考活動當中。他必須跨接巨大的鴻溝，必須克服陌生歐洲語言的障礙，學會啟蒙運動和當時教育界的詞彙，從諸多面向開拓自己對歐洲文化的知識，亦即從古希臘直到牛頓、洛克（Locke）、萊布尼茲（Leibniz）和盧梭（Rousseau）等等的整個天地。

孟德爾松寫道，在很年少的時候，他就已經把休息和閒暇的時光投入到哲學和美術，思考自己和他信仰兄弟們的使命，也沉思人、命運和天意的涵義。一開始，他的興趣就偏重在哲學推論，正是這種抽象思維取代了十八世紀的重點學科神學。他費了很大的工夫研讀到他手中的第一本哲學著作，那是洛克（John Locke）的《有關人類理解》（Versuch über menschlichen Verstand / An Essay concerning Human

Understanding, 1690）。孟德爾松藉助了一部辭典才能譯解內文，並熟悉其中的概念。洛克有關樂趣隱含在哲學研究的說法，令他印象深刻。當七零年代幾位醫師都勸他戒除太過密集的心智活動，以免羸弱的健康狀況受影響時，他更是鬱鬱寡歡。

唉！（哲學）在順遂的年代曾是我最忠實的伴侶，是人生種種逆境中唯一的慰藉。而現在我卻不得不像面對死敵那般處處避開。換個更苛刻的說法，就像一位帶病的女朋友自己所警告的那樣，我必須迴避跟她的任何交往。然而我的自我否定還不足以讓自己聽從她的警告。後來有時還是偷偷地犯戒，雖然總會有深深的懺悔。

至於用帶有情色的密語來描寫他對哲學的投入，不僅是一種委婉修辭的迂迴寫法，更表達出他的世界觀及其最深刻的生命體驗。早在一七五五年匿名發表的，獨樹一格的哲學論文之一《論感性》（Über die Empfindungen）當中，孟德爾松已經寫出某種美學上快樂、享受的學說了。在這部以哲學對話呈現的作品中，有不少段落展露了青年孟德爾松的感受，以及對於呈現在他面前開闊理念的振奮之情，因這些理念讓他勇於跨出創造性的步伐。哲學並不單單是對世界及其法則、原理和概念的枯燥思考，更是永不枯竭的愉悅泉源。

可以說，這名來自德紹，過著學者苦修生活的二十多歲單身青年，醉心於哲學，進而昇華了自己感官和性的慾望。他反對所有把理性看成是「樂趣干擾者」的見解。孟德爾松認為正好相反，而在《論感性》的第三函當中，以某種暗示自我的方式閃現：

・一七五五年柏林版《論感性》一書封面

聽啊，高尚的年輕人！我是如何開始享受樂趣的。我觀察樂趣的對象，思考它的各個部位，並努力地清楚掌握。我把注意力投入在這些局部的共通關係上，並從局部擺盪到整體。

對那位世上的智者而言……觀察整體乃是永不乾涸的樂趣泉源。觀察使他的獨處時光變得甘甜，以種種最崇高的感受貫注他的靈魂，讓他的思維脫離世上的喧囂擾嚷，從而親近神性的寶座。

對於整個存在以及宇宙美好秩序的感受，對所有可能的世界裡「完美」與「最好」的沉思，這種樂觀主義哲學的基本思想，是孟德爾松從萊布尼茲傳承下來的。這基本思想激發了美與樂趣的感受。哲學家體驗到強烈的情緒，想像自己直上雲霄，又瀕臨昏厥：

以大膽的飛行擺盪你自己，直上所有這些局部的共通關係，來到那高深莫測的整體。突然間將有何等天堂般的極樂震撼你啊！

哲學思考，尤其是追求純粹完美的哲學思考，會引發一陣心醉神迷：「在這種令人暈眩的陶醉裡，你幾乎無法自持。」這可以說是一種高尚的樂趣，不是源自人的弱點和低俗的衝動，而是「以合理的努力，追求相互依存的觀念」。就連所謂的枯燥科目的數學，也成了最高樂趣的一道泉源。於是關於數學家便有這樣的說法：「不存在於最美好秩序中的驚人多樣性，以一種迷人的協調在數學家的腦組織中運作，激發了每根神經，讓數學家淹沒在狂喜當中。」孟德爾松認為，沒有哪種快樂比哲學的快樂更大了：「凡是懂得真正的理性且走上理性這條路的人，不會懷疑衝發自理性泉源樂趣的效益與豐富性。」哲學的研究對象是人、其心靈、對本身存在的意識，及其對完美的追求：

在我的靈魂中有一種對完美的愛好，這是我跟所有懂得思考的人，甚至是和上帝所共通的。如果我們確實認識了自己樂趣的對象，那麼我的選擇便會和上帝的相符合，而所有運用理性者的選擇也就會遇見同一個對象。

年輕時經歷過這種智識上變化的孟德爾松並不是單獨的個案，他和薩摩奇、奇希、龔培茲等人可以代表十八世紀前半期許多猶太青年的處境；他們的才能和抱負都偏向宗教精英的路子，但過沒多久卻都再也無法獲得滿足。早期的啟蒙者都來自中歐和東歐，例如在帕督瓦（Padua，譯註：義大利）、奧德河畔（Oder）的法蘭克福和哈勒（Halle）等幾所大學的猶太醫學生，柯亨（Tuvia Kohen）和胡爾維茲（Jehuda Leib Hurwitz）等醫師；例如來自徐克洛夫（Schklov，譯註：白俄）居無定所的塔穆德學生席克（Baruch Schick），來自漢諾威的學者雷維（Raphael Levi），以及印刷業者、具宗教素養的商人，還有若干拉比等等。初期的猶太啟蒙運動並不整齊劃一，既沒有經過規劃，也不是刻意發起；所含括的立場與傾向光譜相當寬廣，從對科學的一般興趣，例如阿爾托納的恩登拉比，直到志向遠大的學者研究和學位獲取，例如龔培茲等等。

不過，一般的共通點還是有的，像是在一段正當基督教歐洲的意義重大發展時期，對猶太文化落後的不滿、對世俗知識的莫大渴求、對猶太人宗教圖書館有限收藏的批評、想把受到忽略的中世紀哲學遺產送回這圖書館的心願、對希伯來語的重視，乃至逐漸意識到，早期那些受到拉比精英所疑忌的Maskilim（希伯來文「學者」），亦即那些「研究者」和「哲學家」，已開始成為新的智識精英，成為智識大開的學者精英。

當孟德爾松在像是薩摩奇和龔培茲的知識分子圈中找到自己哲學家的使命時，歐洲的初期猶太啟蒙運動就成了他精神上的故鄉。不過，促成他走上史無前例人生道路的還有另一項機緣。初期猶太啟蒙學者更新舊有的猶太圖書館，藉著希伯來文的語言學、天文學、數學、醫學和哲學的撰作加以充實。他們大致上和傳統精英一樣，在同一公領域上發揮作用，包括希伯來文的印刷社、猶太社群等；受過傳統教育，卻成為他們作品的讀者和贊助者的猶太中、上階層的成員，也受到影響。而孟德爾松和他們不同，他更投身猶太人以外的多數族群社會，以及德國的文藝界。（譯按：多數族群指德國社會，這是相對於猶太少數族群的說法。）

那些年裡，柏林猶太人目睹了一段在文化和文學上影響深遠的醞釀過程，這對德國啟蒙運動來說是項特色。啟蒙運動智識界的一場風雲是，教授、公務員、神職人員、教師、醫師、法學家和出版家們共同致力於創建一個學者共和國。一名見證者描述了一七六一年德語區的一些事件，讓人感受到，那時幾乎每個人都感染了成為作家的熱情。從宮殿乃至赤貧的茅屋，凡是能夠握筆寫字的人都在寫書。這種文化氛圍對孟德爾松是靈感的泉源，他很快就有所貢獻。他跟德國其他啟蒙運動者一樣清楚意識到，德國溫和的啟蒙運動有別於法國質疑國家和宗教基本價值的批判態度，而這激進派的代表人物就是伏爾泰。

孟德爾松把自己完全等同於德國的啟蒙運動。當他一七五五年在《論感性》裡把作品中的主角，英國哲學家提歐克里斯（Theokles，代表孟德爾松發言）刻意送往德國時，就透過他的話表態，強調德國啟蒙運動優於「輕浮的」法國啟蒙運動，後者以不負責任的方式濫用了理性和哲學思考的能力：「他們冒用經過神聖化理性的名義，為顛三倒四的想像活動，以及無依無靠的鬼怪舉行入門儀式。」

所以說，早在孟德爾松公開投入之初，他那不遺餘力地參與德國啟蒙運動，以及在專制主義所統治的國家中選擇「正確的思考」，而和「自由的思維」產生對立時，就已是一個文化愛國主義式的間接表態。可見，這位柏林猶太哲學家，初期猶太啟蒙主義者，十年前不過是個剛從德紹而來，原本有著成為拉比的生涯規劃，後來卻走上一條截然不同道路的青少年，卻努力擔當起在當時德國文化中具關鍵性思想潮流代言人的角色。

03

文化交流——三年的形成期

孟德爾松在一七五零年代初登上德國啟蒙運動的舞台。他勤讀當時哲學論述中公認的基本著作，獲取了許多知識，而得以跟柏林啟蒙者進行對話。當中有一位作家兼出版商尼可萊（Friedrich Nicolai）興致勃勃地寫道，當萊布尼茲、沃爾夫以及洛克等人，理性主義哲學的神學觀展現在孟德爾松眼前時，他突然感覺自己置身在截然不同的世界，因為直到那時，孟德爾松還無從探討基督教神學的，或是麥蒙尼德以降哲學的任何概念。

幾十年來早就在德國思想界據有鞏固地位的宗教理性主義觀點，孟德爾松很快就熟悉了。這是一種自然神學，認為不是神啟，而是理性思考才是通往認識上帝以及有關世界和人類（創世、靈魂及其永在）根本真理的道路。從像是孟德爾松這種虔信的猶太人觀點來看，這一學說才是廣泛哲學探討的適當基礎，不但不對宗教造成威脅，反倒能鞏固它的基礎。孟德爾松的基督教友人阿柏特（Thomas Abbt）寫信告訴他：「我們共同的上帝並不是猶太人或是基督徒的上帝，而是所有人、所有生靈的上帝。」

前面提過，孟德爾松最早讀過的哲學論述之一，就是洛克的《有關人類理解》。這本書反對「人們擁有與生俱來的概念」這一觀點。在這部論述當中，洛克建構了更加令人精神緊繃的概念系統，以藉由感官的檢驗和理性的思維來了解人的理性和對真理的認知。孟德爾松很興奮地接受了洛克的論點，亦即有關存在於啟蒙主義思想中，要求神學必須以理性為基礎，以及人類理性超越神啟的緊張衝突。在孟德爾松猶太宗教哲學的基本觀點裡，可以看出洛克學說的痕跡。洛克寫道：「當上帝以超自然的光照亮精神時，就不會熄滅天然光。」所以上帝有時用天生理性，有時則透過奇蹟來為人啟示真理。神啟不過是天然光的擴充，因此宗教和理性並不互相矛盾。

不過，在孟德爾松眼裡，哲學家當中最偉大的卻是萊布尼茲。他一生都以萊布尼茲樂觀主義的教導為取向，包括神創造所有可能世界中最美好世界的完全和諧，包括為上帝辯解，以及包括有關兇惡、禍害究竟顯示出什麼意義的想法。在他眼裡，這才是「真正的哲學」，有別於那假造的、使社會和宗教秩序動搖的「法國」哲學。

一七五三年初，龔培茲有一次把孟德爾松帶去柏林的一個學者社團，並介紹他和雷辛相識。雷辛是路德派一位牧師的兒子，跟孟德爾松同年齡，在德國啟蒙運動者當中擔任吃重的角色。當時他就住在城中區孟德爾松住處附近，兩人切磋棋藝，在初次相遇時就找到了共通的語言，成為後來持久而名聞遐邇友誼的基礎。這段友誼也是鞏固孟德爾松社會地位的泉源之一，為他打通啟蒙運動者社團圈子的門路，雷辛成了他熱烈的推崇者。他們結交後不久，雷辛就在信中談到：

他確實是猶太人。一個二十幾歲的人，在缺少種種指導的情況下，竟然還能在語言、數學、世俗學問和詩歌等方面具備堅強的實力。我把他看成是他自己民族未來的榮耀，如果和他不一樣脾性的信仰兄弟能夠讓他發展成熟的話，因為受壓迫、不快樂的猶太靈魂總是喜歡迫害自己人。他的正直和哲學精神讓我把他看成是未來的斯賓諾莎（Spinoza）第二，只不過，孟德爾松不會是完整的斯賓諾莎，因為他沒有斯賓諾莎曾犯下的錯誤。

一七五三到五五年間是青年孟德爾松養成的關鍵期。在二十四到二十六歲期間，他毅然中斷了成為宗教學者和猶太精英成員的道路，而結交柏林的學者。雷辛、尼可萊和其他人都成了他的朋友。他用德語發表第一篇哲學論文，並創辦了猶太啟蒙運動的第一份刊物Kohelet Musar（宣講道德者）。

當他加入絲綢紡織工廠老闆貝恩哈特（Issak Bernhard）的生意時，自己的社會地位也獲得了提升。早在一七五零年貝恩哈特就請他當自己小孩的家教，讓他住在家裡。孟德爾松受到他們一家人的接納，還成了貝恩哈特家事業的一分子，先是擔任行政和會計工作，後來成為年收入三百塔勒（Taler）的股東。他的經濟狀況顯著改善，於是可以把一部分時間投入文學工作。他在紡織工廠辦公處能找到空閒時間讀書、做一點筆記和接待訪客。當然這中間他也會把生意上的工作做好。

不過，在這五零年代初，柏林猶太人的生活被普魯士王國對他們日漸歧視的陰影所籠罩。一七五零年，腓特烈二世給柏林猶太社群發了一通令人不安的詔告。腓特烈二世在歐洲以他在軍事和政治上的遠見而知名，他讓普魯士成了歐洲一大強權國家，擁有提升教育和文化開明君主的美名，卻決定用更強硬的管制措施來限制猶太人的生活。這通詔告指派給只能容忍並仰賴王室恩惠的猶太人低等的合法身分而引發疑慮。這是一項冷酷無情的政策，違反了宣揚人道主義和人類大愛的種種啟蒙運動價值觀。這項官方名稱為「一般特權暨規則修正案」的嚴厲法令，決定了猶太人往後許多年的命運。法令是這樣開頭的：

受到上帝恩寵的普魯士國王腓特烈……在此下詔宣告：我在王國之內……尤其是住在首都並得到寬待和容忍的猶太人身上，察覺到各種缺陷和弊端。我後來更特別注意到，他們的人口不斷增加，不僅給公眾，尤其是給基督教商人和居民造成很大的損害和壓迫……。因此必須採取預防措施，以達成我最仁慈的用意，在基督徒和猶太人之間的給養和營生制定比例，尤其不允許猶太人擴大貿易與變遷，以免基督徒與猶太人太過接近。

按照在經濟上能提供的好處，猶太人被分成六個等級。只有一個由經濟精英家族所構成的猶太小群體，才擁有所謂的「一般特權」，也就是在支付保護金的代價之下才有行動自由以及完整的貿易權，而得以和基督徒商人平起平坐。下一階是次富的受保護猶太人群體，他們在住處的選擇上受到限制，他們的特權只許由其中一

・普魯士王腓特烈二世，奇森尼斯（Johann Georg Ziesenis）在畫布上的油畫（約於1763年）

名孩子繼承。第三階的群體叫作「特別受保護的猶太人」。這是一種不得繼承，只能授與他人的身分，當中包括了像是醫師、光學儀器販售者、眼鏡製造師和造幣師等等令人羨慕的業種。

屬於下階等的，是社群的受雇人員，例如拉比、審判者、唱詩班領導、會堂長老、掘墓人，以及「受到容忍的猶太人」，也就是受到上層的保護，而且除了在城中限期的居留權之外，別無權利的人。像孟德爾松這樣的家教，和勞動民眾一樣，屬於最低階、最弱勢的一群。法令中明白規定，凡是被劃歸在這一類的人，絕不容許在市界之內結婚，違反者會被驅逐出境。附在規則上的名單，清楚列出哪些人可以在柏林居留。這項政策表明，窮人、遊民和沿街兜售的小販等等對生產和各行各業沒有貢獻的人，根本找不到在城裡居留的門路。此外，猶太人的數量不容許有所成長。法令第十二條明訂，猶太守門員必須看守著，「絕不容許猶太乞丐進入城內；……萬一還是有冒然闖進，甚至悄悄溜到宮邸附近的人，必須馬上押送到位於普倫茨勞爾門（Prentzlauer-Thore）附近的猶太窮人之家給予救濟，不許進城，且第二天就要驅逐。」

在這個重商主義的國家中，除了對他們努力求取活絡的貿易有幫助的猶太小團體之外，其他猶太人是不受歡迎的「外人」，是不受喜愛、沒有道德，而又令人起疑的邊緣族群。啟蒙運動自由派的代言人，後來成為法國革命首腦之一的米哈波（Honoré Mirabeau）伯爵，把腓特烈二世的法令形容成是「無異於野蠻人」。

在這種背景之下，從德紹來到柏林並在有錢人家當家教的孟德爾松，在普魯士的法律定義下算是個外人，一個「被容忍的人」。難怪他進入學者圈核心這件事被看成是顛覆性的了。他在「學者咖啡館」跟雷辛和其他知識分子相遇。這裡有一個由數學家、物理學家、醫師、公務員和神學家組成的專屬圈子。一週接著一週，總是有晚間聚會。他們朗誦、討論、咨詢，或是下棋、打撞球。有時他們還會去更具排他性的，由普魯士皇家科學院院士，以及藝術家、音樂家和哲學家常光顧的「週一俱樂部（Montagsclub）」。

這種在十八世紀許多歐洲都市裡形成的新興公共景象，從專制主義國家的觀點來看有造反的危險，因為這裡所進行的自由討論，遠離國王、其幕僚以及教會機構的局限和控管。難怪在十八世紀前半葉的英國，只要俱樂部中的討論一有叛亂的嫌疑，當局便想辦法關閉。不過，普魯士的啟蒙運動者並不反對國王，所以，把他們的俱樂部、咖啡館和讀書會看作是蓄意動搖國家秩序的革命單元，是不對的。從政治的觀點來看，這裡的知識分子相當保守，是國王的支持者，且大半還是宗教的贊同者。

然而，這種新的、經過啟蒙的知識界仍然形成了一種輿論，聲音越來越清晰，且有可能找到機會逾越國家官僚在法令規章方面所制定的界線。對自己由中央集權官僚所掌控的王國內消息靈通的腓特烈二世，自然很清楚孟德爾松及其名氣和聲望。不過他卻避免跟他會晤，並阻撓孟德爾松在學者圈所獲得公認的、受尊敬的地位。正因如此，孟德爾松跟龔培茲、雷辛等人之間的互相認同和以知性興趣為基礎的友誼，才更有其特殊的意義。

龔培茲出入這個圈子已有好幾年。從四零年代中期他就開始擔任普魯士皇家科學院歷史語言學部主任德柏耶（Jean-Baptiste de Boyer），也就是亞爾尚侯爵（Marquis d'Argens）的秘書。等到完成醫學學業之後，他又回到這裡，為科學院院長莫佩第（Pierre Louis de Moreau de Maupertuis）服務。他跟學者圈搭上關係，也給孟德爾松打開一道門路。兩人都躋身這一學者共和國確實難以想像，孟德爾松也立刻就受到承認。龔培茲所撰寫的第一篇哲學論文〈論可能性〉（Über die

Wahrscheinlichkeit）就在「學者咖啡館」公開朗誦。一開始並沒有人知道原作者，直到朗誦者在某一個字上出了錯而被孟德爾松大聲糾正為止。在場的人全都大吃一驚。孟德爾松因此而出了名，也就被這個圈子所接受了。

這位出自截然不同文化生活圈的猶太神童，引起了各界的注意，在談到他時，都說他是個不折不扣的猶太人，年紀輕輕，卻是個各門學問都已無師自通的天才。除了俱樂部和咖啡館的聚會之外，孟德爾松也更常被幾位學者邀請到家裡，由此而發展出來的頻繁社交生活，伴隨了他一生。他這種公眾地位的提升，特別要歸功於雷辛對他的讚揚。雷辛使得這位好友在啟蒙運

・米歇里斯（Johann David Michaelis）的肖像，亨聶（Eberhard Sirgfried Henne）的銅版畫

動者之間出了名。孟德爾松對此相當感激，並讚嘆自己的幸運。此外雷辛關注孟德爾松的哲學生涯，鼓勵他自行創作，更在五零年代促成他頭一篇論文的印行。

跟龔培茲的相識激發出雷辛一七四九年的劇本《猶太人》（Die Juden），但五年後才印行推出和讀者見面。這是一部輕喜劇，當中的主角卻是個令人訝異的人物，是一位高尚俠氣、受過教育、樂善好施的猶太人！這人物讓讀者看清，基督教對猶太人奸巧、道德低劣且文化落後的刻版印象，以及數百年來對基督徒和猶太人之間存在著法律和社會壁壘的正當化，完全沒有意義。在雷辛以及其他十八世紀劇作家看來，戲劇可以取代講道，並作為道德教育的媒介。雷辛寫道，劇場應當是「道德世界的學校」才對。他以龔培茲為原型塑造這部戲劇中猶太人的角色，也以他為藍本描繪新猶太人的形象，並藉此表達，一位堪為模範的國家公民且受過教育、以道德為依歸的猶太人，完全是可以設想的。

不過，一七五四年夏天〈哥廷根學報〉（Göttingischen Anzeigen von gelehrten Sachen）刊登了一篇有關《猶太人》的評論，作者是哥廷根大學教授米歇里斯（Johann David Michaelis）。他的論點簡明而尖刻，那就是，優秀劇作家所搬上舞台的應當是取材自實際生活的角色。如果他所挑選的人物是大家憑經驗就知道不存在，甚至未來也很不可能出現的話，觀眾對美的賞析趣味便會受到影響。他還寫道，難以想像的是，向來跟基督教敵對，因傳統上做生意爾虞我詐而缺乏誠信的猶太人，竟然能夠充當雷辛劇作中的主角範例！

當時孟德爾松已經在密切追蹤德國啟蒙運動報刊文章的動向，而這篇評論令他大感憤怒和羞辱。當時正巧來到一個重大的歷史轉捩點，只要猶太人仍然礙於跟基督徒之間的文化藩籬而回守在自己內部的宗教研討當中，而這種研討主要是在拉比精英之間進行，並疏遠一般輿論的話，那麼在出現敵視猶太人言論的狀況下，就幾乎沒有加以回應的可能或必要，對猶太人的不信任和敵視已經讓攻擊者和受攻擊者雙方都視為正常且理所當然了。不過，在一位猶太知識分子躋身於學者行列之後，公開爭論和表態的可能與渴望也就隨之增加，更何況這人特別使用了啟蒙的術語。這樣的一種挑戰，只有已經從邊緣逼進到文學和思想體系活動核心的這位猶太人才能夠經受得起，也只有他才能接受這項挑戰。

孟德爾松在讀過這篇批評幾天之後，寫匿名信給分明是《猶太人》裡主角原型的龔培茲，以表達立場。雷辛便在他自己的刊物〈戲劇圖書館〉（Die Theatralische Bibliothek）上刊登了孟德爾松的這篇文字。這文的發表意義重大，如前所述，孟德爾松已內化啟蒙運動的語言，並使用在自己的駁斥中。他以啟蒙運動的概念、世界觀和價值觀武裝自己，走向才剛剛將他納為正式一員的公眾，並發表他第一篇反對宗教不寬容的文章。

這是他為啟蒙運動論爭時的第一項考驗。他以人道和理性的名義讓宗教寬容成為原則。在帶有批判性的眾人耳目之前，他依然把所有對猶太人抱持成見者，都看成是悖逆啟蒙之光。儘管文章作者在和哥廷根學者較量時顯出相當的自信，文章通篇卻透露著沈重的屈辱感，而讓讀者首度窺見一名二十五歲青年的內心。孟德爾松無法理解，在柏林感受到雷辛及其友朋對他的接納，為何不是在每個人身上都看得到。他充滿痛苦地寫著：

> 這種想法令我感到羞憤。……這對我受排擠的民族是何等的屈辱！何等過分的歧視！基督教世界向來把我們視為自然界的渣滓、人類社會的膿瘡。我只期待學者們任何時候較公道的評判……我們承受基督徒如此苛酷的深惡痛絕還不夠嗎？難道這種針對我們的不公平也該用我們對他們的中傷來加以辯解嗎？

對於腓特烈二世在一七五零年法案中的限制政策，孟德爾松大膽地以暗示性文字批評：

> 人們不停地壓制我們，一直讓我們在自由幸福的市民中間生活得處處受限，甚至縱容全世界對我們的嘲弄和鄙視；只剩道德，這種受壓迫靈魂唯一的慰藉、被遺棄者僅存的避難所，是人們無法完全從我們身上剝奪的。

從這些以孟德爾松的，或他和龔培茲的名義所表示的話語，可以明白察覺到他的易受傷害。如前所述，他對啟蒙運動的見解並不激進，也不打算批評普魯士當局的政策，對於一七五零年頒佈有關猶太人法案所造成的情勢，更是逆來順受；不過他至少還會爭取有限的一小塊個人領域，好讓自己得以發揮，讓身為有學問、有道德的歐洲猶太人的他獲得認同。然而，米歇里斯的批評卻讓他和龔培茲感覺到自己身為猶太啟蒙人士的存在受到質疑。

早在成為公領域知識分子的初期，孟德爾松就已意識到這個問題的關鍵意義。所以他寫道，雷辛是想借由這齣喜劇對有關猶太人的輿論施加正面的影響。批評者難道是位抱持在基督教界常見觀點的神學家，以為猶太人全都是可惡的兇手和強盜嗎？他佯作無辜地寫道：「我實在無意把基督宗教看得那麼可恥，要是真的確定它無視於任何人道的話，這無疑就是反對它的真實性最強而有力的證明！」他以辯解的語氣補充，猶太有德之士對於像是殺人的憎惡，比基督徒更加強烈。猶太人對所有人都很和善，對窮人慈悲，視婚姻為神聖，本身更是足堪表率的公民。他們當中也不乏像龔培茲那樣優秀的學者，足以充當雷辛劇作中以及現實生活中的主角。觀眾一開始看到對猶太人的仇視有多麼強烈時，固然會感到震驚，最終會發現「猶太人也是人」，這對他們是有益的體驗。

當一七五四年孟德爾松經歷輿論內部對於成見和宗教寬容之間的衝突時，才了解到，自己的天職並不僅在於如何運用所嚮往的哲學理論，他還得為從探討理性、天賦權利和人道所得出的，「猶太人也是人」的結論而奮鬥。在他看來，米歇里斯的批評經不起啟蒙運動的公開考驗。不過，米歇里斯在一年之後就發表了對孟德爾松頭兩本書相當正面的介紹。這舉動讓米歇里斯顯現在一道柔光中，而徹底改善了兩人之間的關係。米歇里斯（沒有論及孟德爾松的身分）在〈哥廷根學報〉中告訴讀者，他多麼讚賞猶太人能挺進學者圈：

所以我們不能隱瞞讀者，從外在的生活方式看來，他完全不屬於學界；也不必隱瞞，人們應該在猶太人裡，而不是在皈依基督宗教的人當中尋找他。這新的情況竟使他的書比往常更加投合我們，因為我們只見到書中的表述和事件，而不知道，是什麼讓一位意想不到作者的筆尖能夠流洩出那般美好的文字。

米歇里斯表示讚許的，是雷辛一七五五年在柏林匿名印行〈哲學對話〉（Philosophische Gespräche）和〈論感性〉兩篇孟德爾松的哲學論述。前一篇文章是用蘇格拉底對話的模式架構，其中的申論和反駁，目的都是在發掘真理。論題是萊布尼茲所謂隱含在萬物當中的前定和諧（Prästabilierte Harmonie），以及神義論。而神義論又和主張既存的世界乃是「一切可能的世界當中最完善者」有所聯結。孟德爾松闡述他的哲學原理，零星地提出對萊布尼茲舉證的批評，並引用斯賓諾莎的觀念加以探討。在第一段對話當中，他對斯賓諾莎的讚賞就已溢於言表。斯賓諾莎是早他一百年，生在阿姆斯特丹的猶太哲學家。孟德爾松在此想證明，萊布尼茲的前定和諧觀來自斯賓諾莎，只是基於策略而加以隱瞞。在第二段對話當中，孟德爾松極力為斯賓諾莎被指責為無神論者而辯護。

十八世紀時代，要讚揚斯賓諾莎是很容易惹麻煩的，因為許多人把他看成是全面圖謀背叛猶太教義的始作俑者，他的名字就是異端的同義詞。根據史家以色列（Jonathan Israel）的看法，斯賓諾莎哲學，尤其是他的宗教批判和簡單地把上帝等同於自然的泛神觀，孕育了歐洲啟蒙運動的激進派，激勵了後來數十年的智識氛圍。就連終生都跟無神的世界觀保持距離的孟德爾松也承認，斯賓諾莎哲學學說終究是個悲劇性的錯誤，但是他也堅持認同斯賓諾莎在哲學史上的典範角色。他有關斯賓諾莎的文字透露出自己在讚賞和排斥之間的內心矛盾：

在從笛卡兒到萊布尼茲的世俗智慧過渡轉換發生之前，就一定有人會掉進居於兩者之間的巨大鴻溝。

孟德爾松一方面相當認同這位猶太哲學家的大無畏，另一方面也意識到哲學思考的危險和這位哲學家所付出的，一六五六年被猶太社群革出教門的高昂代價，於是藉著〈哲學對話〉中一位對話者說出以下的話：

> 這個男人的不幸一直令我深為感動。他的生活節制、隱逸、無可指責。他摒棄一切屬人的快樂，終其一生致力於思索。瞧！他在自己思考的迷宮中誤入歧途，竟然錯誤地主張最墮落者所妄想的，以便耽溺在自己邪惡的情慾裡而不受懲罰。學者們對這樣一位不幸者勢不兩立的仇恨是多麼不公正啊！

對斯賓諾莎命運的認知如同一道陰影籠罩了孟德爾松一生。他謹守規範，走在聯繫理性和宗教信仰的哲學傳統路徑上。所以他在自己的文章中常常跟所謂可怕的歐洲之子伏爾泰保持距離。對孟德爾松而言，伏爾泰是某種過激而輕浮哲學的代表人物。在〈哲學對話〉的第二版當中，他站在萊布尼茲那一邊，所採取的立場是反對伏爾泰在自己的哲學故事，啟蒙運動傑作《憨第德或樂觀主義》（Candide oder der Optimismus）中的譏評。這部小說出現在一七五九年，是寫來證明萊布尼茲「我們的世界是一切可能的世界中最完善的」這一世界觀的荒謬性。為了達到目的，伏爾泰虛構了最驚險的事件、最荒唐的巧合、最可怕的情境、最恐怖的震撼，以及最無恥的風流事件，從而指出萊布尼茲這位德國哲學家的學說，不過是無憑無據的推論。天真無邪孩子憨第德奇妙的冒險故事，旨在反對人類社會中種種不公不義、反對宗教當局、反對昏庸的統治者和極端淫邪的神職人員、反對殘酷的宗教裁判所、虛偽的價值觀和冷酷無情的政治。故事譴責了樂觀主義哲學家，他們正如同在書裡不幸的潘格羅斯（Pangloss），無視自己種種苦難，仍然嘟囔著萊布尼茲的口號：所有發生的都是必然會發生的，因為此世是所有可能的世界中最完善的，且萬事都有其意義。

孟德爾松不僅認為伏爾泰的批評缺少憑據，他對人類困惑和暴行的描寫有所誇張，也已經偏離認真研討萊布尼茲哲學的道路了；事實上，不可能有更好世界的這個根本見解，並沒有因此而受到動搖。儘管孟德爾松讚賞斯賓諾莎而取笑伏爾泰的諷刺，不過從他一開始以哲學家的姿態公開立論時就已經想定，把自己擺在溫和啟蒙那一方，對人類幸福的可能性保持樂觀，並相信神是絕對的善，亦即跟宗教、國家和社會批判的極端激進主張分道揚鑣了。

就連〈論感性〉當中的書信文字也響徹著樂觀的訊息。人是能夠快樂的，因為世界會提供所有他需要的東西，以達到完美、最高精神和感官享受的感覺。孟德爾松讓以一系列信件所組成的對話文章當中的主要人物之一，說出萊布尼茲式的想法：「大自然裡的一切都趨向自己的目標，一切皆以一切為依據，一切無不完美。」不過，在孟德爾松看來，事情並不是那麼簡單，因為人們對美的概念，對愉快以及享樂的感受是處在不同層次的。像是本能的享受較為低俗粗淺，相較之下，哲學家依其本質，他們的享受是專精且細膩的。凡是把自己放任給激情的人，對理性的聲音就會聽而不聞。所以能夠擁有崇高享受的人，只有那些合乎由麥蒙尼德為表率的理想高尚者，也就是喜愛完美、堅持不停觀察、醒悟，而有能力近距離認識神的學者和思想家。

孟德爾松在〈論感性〉書信文字的最後單元，就當時對自殺合法性的辯論表達了自己的立場。人是自己生命的主宰嗎？如何才能說服一個無神論者不要有輕生之舉呢？能夠設想出一種死比生更重要的情況嗎？孟德爾松以理性主義的思路來駁斥自殺，理由是，自殺違背了理性以及人在此生中追求完美的天命。死的狀態畢竟不是完全的滅絕或是回到沉睡的初始情況，因為上帝不會任由祂的孩子在沒有達到完美前就獲得永生。所以，相信一個不影響世間事件的神，而不相信基督教或猶太教所謂神啟的自然神論者，在自殺這件事上無法自圓其說：

凡是在理性光照下接受來世的人，一定會讓未來和現在的狀態產生聯繫。人格或身分應該延續，亦即這兩種交替的狀態是互相依存的。凡是以不同方式離開世間的人，一定會走進不同的狀態。

書信體〈論感性〉的一部分「決議」讀起來像是人道主義的說教。孟德爾松一方面探究人為何會以殘忍為樂，另方面則試著解釋，為何在面對人的不幸時，會引發同情的心理效果。他強烈譴責人所犯下的殘酷行為，例如騎士對決之類的運動和娛樂賽事，或是以動物互相殘殺為目標的格鬥，比方流行於英國的鬥雞。

如果要在某些血腥的歡愉中得到滿足，就必須壓制同情以及一切人應該有的感受。……光是羅馬人，就藉由習慣、藉由與生俱來的尚武精神、藉由鍛練身體所獲取的聲望，最後藉由對奴隸們足以撕裂人心的鄙視，把自己磨礪得沒有人性。他們反對細膩感受，壓抑了人較為溫柔的感覺。

〈論感性〉以對一場公開處決具批評性且震撼人的描寫作為結束。那是十八世紀歐洲各城戶外市集吸引人的戲碼。孟德爾松顯然是這種刑罰的目擊者，他表示了自己的深惡痛絕：

看看那群密密麻麻圍著犯人的觀眾。他們都聽到這名歹徒所犯下的種種惡行。他們都鄙棄他現在變成的樣子，也或許鄙棄他本人。他們把面目全非、意識不清的罪犯拖上血跡斑斑的看台。大家爭先恐後，踮起腳尖，爬上屋頂，以便看到行刑時他臉上扭曲的模樣。有人宣判了他的刑罰，劊子手走近他，他的命運就要在瞬間決定。此刻每顆心都多麼熱切希望他會受到赦免啊！是他嗎？是人們所厭棄，且就在前一刻才剛宣判死刑的對象嗎？此時要透過什麼才能在人們身上重燃一絲博愛的光芒呢？讓我們跟這樣一名罪人彷彿和解而又博取我們關愛的，難道不正是臨近死刑，親見最可怕的肉身禍事嗎？沒有愛，我們就不可能同情他的命運。

孟德爾松並不屈從於時興的悲觀想法，以為痛苦和不幸的生命不如以死做結。他一七五五年兩篇表達樂觀和人道的哲學論述，相信人有邁向完美的能力。這種哲學對生命負有責任，反對種種殘酷行為，拒斥自殺，許諾在這世上有幸福、完美、享受和快樂的可能，且證明靈魂不會和死亡一同毀滅。從猶太拉比文化過渡到歐洲啟蒙文化期間表達這種思想的孟德爾松，認識到十八世紀中期歐洲人最深的恐懼，就是宗教的神奇世界在博學精英的智識奮鬥中瓦解。以神啟力量和宗教精英許諾為根據的宗教真理，越是受到批判思維的質疑，對新意義泉源的欲求也就越高漲。新泉源可提供現代人一個依據，不致於陷入無神的絕望中，或受到放蕩享樂主義的驅使。

在成長期間逐漸形成自己的宗教世界觀，且似乎本身就有過這種經驗的孟德爾松，致力於在他的哲學中對這種困惑給出撫慰人心的答案。無神的人生和對低俗激情的投入，在他看來是最大的不幸。他寫道：「以理性武裝自己抗拒引誘，是明智之舉。」他的哲學力量似乎在於，他懂得提出所有那些理性的論據，亦即繼續相信上帝，相信生勝過死，相信受恩賜不朽生命的獨一無二，相信人的道德及其過一種平靜謙卑生活的能力。

在一七五五年孟德爾松那個多產的年份裡，有若干這種觀念寫成了獨特的希伯來文章。他和朋友柏克（Tobias Bock）在柏林印行了第一期〈宣講道德者〉週刊。

乍看之下，為猶太讀者創設第一本期刊，似乎是思慮不周的嘗試。這個期刊的生命短暫，只出現兩期，每期總共八頁。如今〈宣講道德者〉成了珍奇稀物，只有少數幾份留存。當時這份期刊的問世顯然影響不大，沒有明載日期和地點，沒有發行人的名字，沒有首頁，發行量大概也很少。

不過，仔細檢視下來，在猶太背景的氛圍下，這刊物具有革命性的意義。猶太有識之士第一次嘗試把一種新式傳播工具引進他們的文化，並套用這種在英國、德國等地傳播觀念的成功模式，透過一份「道德週刊」來進行。儘管刊物使用的仍然是希伯來文，借著這種通行在拉比精英之間，把新觀念跟他們有關的世界聯繫起來的語言，猶太讀者還是能首度接觸到溫和的啟蒙運動立場。尤其這份旨在道德教化、批評弊端和指導公眾期刊的出版，意味著，這是對抗那些憑藉宗教權威，而要求對公眾和文化生活擁有絕對專制權的猶太精英，顛覆性的一大步。在當時，猶太大眾的一般教化和宗教管制幾乎是拉比、傳道者、塔穆德學生和卡巴拉人士的專屬權限，如今卻出了兩個年輕的柏林文人，要讓公眾聽到不同的聲音，一種不屬於拉比精英的猶太啟蒙者的聲音。

孟德爾松和友人柏克在〈宣講道德者〉當中，採用了許多塔穆德的用語和引用麥蒙尼德、哈勒維及其他思想家的文章。顯然可見，他們不是要模仿非猶太文化，而是想用新的眼光來讀取在猶太宗教文化中已經存在的。不過他們所宣揚的，基本上是當時歐洲體系猶太社會所不熟悉的新價值觀。在這份週刊的頭一篇文章當中，孟德爾松就為猶太讀者開出如何過一種尊嚴且快樂生活的處方，令他們耳目一新。豐富而嚴謹的希伯來文，一開始就把潛在讀者群限制在習於閱讀希伯來文的人身上，亦即宗教精英中的男士們。就他們傳統的價值體系而言，研討妥拉和遵行宗教誡律與禁令乃是猶太人理想生活的基石。如今這間學堂的牆上卻開了一扇窗，可以向外眺望，看見人是人，看見讓生命喜樂的大自然，看見美和上帝。人是萬物之靈，憑藉上帝的恩典便可以在和諧、完善且振奮人心的世界，也就是「所有可能世界中最完善的」世界裡享受善與美。〈宣講道德者〉呼籲讀者們走出戶外，走進大自然，觀察動植物，嗅聞春天的花卉並加以享受。人們不僅經由聖書，更可以經由創世的完美所帶來的驚奇，而踏入通向上帝的道路。

孟德爾松以舊約先知的悲悵寫道：「不過，人啊，永生的神為你而工作！谷地為了你而佈滿綠意，花兒盛開，曠野的草也在你腳邊萌芽。」〈宣講道德者〉的第一篇文章聽起來像是青年孟德爾松春之圓舞曲，豐盈、燦爛且充滿希望。十八世紀時，意第緒文和希伯來文道德書籍所傳達的，是一個被描繪成陰沉色調的世界，是讓有罪的人害怕懲罰的嚴格要求，而這份柏林週刊卻在這樣的背景下預告了一個新的且更加美好的世界。

〈宣講道德者〉第二篇文章提出數個世代以來，因忽略而縮減成只是字體設計的希伯來文，要求革新這種神聖的語文，用它來交談，以它來寫世俗的文章，這是在前幾代東歐系猶太文化中不曾發生過的。接下來，孟德爾松為希伯來文讀者介紹了萊布尼茲樂觀主義的學說。他戲劇性地描繪了世間的一切痛苦，以及人對重病、對打壓和戰爭、對監禁、奴役、失去財產、受騙乃至於對死的深沈恐懼。這些全都是為了安慰人們，並確認上帝諸般作為全是為了人類的好處，而不歸咎於祂。對於世上的惡也有充分的解釋，只是人的知性太受侷限而無力理解到，就連在我們看來是惡的死亡，也不外乎是上帝善意的贈與。

這份道德週刊的顛覆性要素並不在於對宗教的批評，正好相反，孟德爾松致力於以他的方式加強宗教的正確性，甚至強調，人有義務透過哲學來認識神、人的命定和世界的本質，從而增進對誡律的持守：

要知道，對永在之神的愛，就在於喜歡認識祂的完美。喜樂會促生傾聽祂聲音和持守祂誡命的願望。

然而孟德爾松並不以傳統的，亦即當時許多傳道者所使用的語句，例如利用懲罰的威脅加以嚇阻，或是要求人們遵從妥拉和宗教當局。他反倒是以哲學教師的面貌出現，當中自有其道德說教的新元素。週刊的第二期，他便進行嚴厲的社會批判，顯示了青年孟德爾松對所有關乎社會正義的敏銳度。他反抗宗教當局那些假裝神聖、自以為是而惑亂天真善男信女的代表，也反抗金錢貴族中冀求名聲與財富的貪腐者。他籲求讀者同情那些飢寒起盜心或是淪落的窮人，並在他道德勸說的結尾描寫了一位理想人物一天的作息。這個正直的人有意義地分配他一天的生活而足堪表率。身兼科學家、發明家、哲學家以及美國革命首腦之一的富蘭克林（Benjamin Franklin），體現了啟蒙文化中的這種典範人物。這裡所突顯的是秩序、合理的時間分配和徹底的自我檢討，也就是，一早便自問所要行的善事，晚上再檢核當天所行的善事。

根據孟德爾松〈宣講道德者〉的說法，「正直人」貝德西（Jedaja Bedersi。譯註：中世紀法國南部希伯來詩人、哲學家，1270-1340。）一大早就祈禱和讀經，接著便是謙和、誠實地商談、做生意，然後回到父系制的家庭裡。他是大家長和教育者：「當他晚上結束工作回家休息時，兒子們像橄欖樹苗一樣地圍繞著他。他們歡迎他回來，而他也高興見到他們。他看顧住處，引領兒子們步上正軌，教導他們理智之道。他要求他們走上律法和公義之路。」

孟德爾松透過〈宣講道德者〉讓猶太大眾聽見有識之士的聲音，開創歐洲啟蒙文化當中基本上早已存有，但尚未深入到猶太文化的一個「輿論空間」。這空間從此持續擴張，並成為猶太社會中一個具有決定性意義的要素。這一步對於一個文化壟斷在宗教精英手中的社會，是一重大的革新。

前面提過，孟德爾松這第一個計劃並沒有在猶太社會留下甚麼痕跡，很可能正是由於這份刊物一開始就遭到制止，因為讀者，也就是拉比精英及其學生圈子的成員看出了它的顛覆傾向，感受到包藏在其中的威脅。孟德爾松頭一批作傳者之一歐宜赫寫道：「刊物引發了狂熱分子的怒火，他們下令不得再印行。」多年以後，當孟德爾松快要走到人生終點時，出現了另一份刊物〈採集者〉（Ha-Me'assef），這一回可就大獲成功了。它在一七八零年代猶太啟蒙運動極盛期成為領銜的傳播工具。不過，猶太文化史上的首開風氣者，仍然是孟德爾松的〈宣講道德者〉。

04

戰爭與和平，愛情與家庭，名聲和失望

一七五六年秋天到一七六三年冬天，歐洲列強深陷在七年戰爭裡。戰事在歐洲心臟各地擴張，賠上了將近一百萬條人命。腓特烈二世決心打一場預防性戰爭，以嚇阻奧地利、法蘭西和俄羅斯圍堵他權勢的意圖。然而在五八到五九年間，情勢惡化，戰事竟成了腓特烈二世求生的爭鬥。數萬名軍人喪生，經濟資源緊縮，到了一七六零年，甚至連柏林也暫時落入俄軍手中。普魯士被看成是侵略者。當時還和腓特烈站同一邊的，只剩正在跟法國爭奪美、非、亞三洲殖民統治地位的對手，英國。普魯士所受到的軍事壓力越來越大，眼看就要崩潰。不過，到了一七六二年卻出現救援轉機。俄國女皇突然駕崩，繼位者彼得三世（Peter III.）和普魯士簽訂和平條約。幾個月之後，也就是一七六三年二月，七年戰爭因胡貝圖斯堡（Hubertusburg）的和平條約而結束。普魯士不但沒有喪失領土，更以勝利者姿態躋身歐洲強國之列。

戰爭期間，伏爾泰寫出他的《憨第德》。在作品的前幾頁，他讓那位批判的哲學家發聲，哲學家則讓輿論反對當時正在歐洲土地上進行的「英雄式殺戮」，更以反諷和譏刺的口吻描述了戰爭的殘酷。這場戰爭目的其實並不清楚，卻造成人們無謂的痛苦。誰在戰場上見過血流成河的犧牲者、斷裂的四肢、遭受暴行的婦女和被破壞的村莊，就不可能相信，這世界是所有世界當中最美好的！他強烈批評普魯士的軍國主義，並對普魯士王做了清算，認為他不值得受到誇讚。

孟德爾松也密切注意普軍的勝利和失敗。他以柏林猶太社群愛國主義代言人的角色緊緊跟隨著戰況的起伏。他以這種身分撰寫佈道文和對國王與祖國的頌歌，並譯成德語。猶太人則在會堂舉辦感恩祭來光榮普魯士的勝利。人人唱起希伯來語和德語的頌歌。社群拉比也以特別寫的內容佈道，並把佈道文上呈宮廷，以表示對國家的忠誠和對戰場上成果的興奮之情。

一七六三年三月十二日星期六，柏林猶太社群在會堂舉辦了一場特別的慶典。由於法蘭克爾拉比在戰爭期間過世，繼任者摩西松（Aaron Mosessohn）拉比朗誦了一篇由孟德爾松所寫並翻譯成德文的「和平佈道」。孟德爾松的佈道原本只是一篇獻給國王的效忠宣言，一篇猶太人和恩待他們，讓他們在國界內生存的國家休戚與共的表態，後來卻變成一篇啟蒙運動的文章，一篇反對戰爭、反對它的殘酷和無謂流血的人道主義抗議文字。它感謝上帝，不是因為「我們以血腥戰勝同類」，不是因為「既得利益凌駕於哀嘆的受造物」，而是為了能夠再度根據對人類大愛的倫理來端正自己的行為，對戰敗者的不幸不至於幸災樂禍，因為「我們的喜樂不再取決於他人的悲傷，我們的福祉不再取決於鄰人的沒落」。孟德爾松並不像叛逆的伏爾泰那樣，以對不合理君主制政策嚴厲批判者的姿態出現，卻也直陳了戰爭所造成的可怕破壞：

> 人的努力在戰爭中都白費了；城市化為灰燼，宮殿傾頹，所有行善的機構被摧毀，律法遭踐踏，藝術被蔑視。人類在數百年間為改善境況所構想並在工作中完成的，在短時間內全都破壞殆盡。

佈道文中還指出，和平是「神造萬物的最終目的；和平就是受造物的和諧、天堂的永福、被拯救者的喜樂呼聲（以賽亞書52，7）。」戰爭違背了上帝一手扶持所有受造物的意旨，阻礙了人類達成自己的人生目的。唯獨恩慈的上帝能夠把人從戰爭的可怕中拯救出來並結束戰爭。上帝期許他們實踐愛鄰人的訓示：

> 應當謹記，上帝是獨一的，我們是祂的孩子。祂造了我們好去榮耀祂，並把人類愛的律法銘刻在我們的心版上。

人所內化的價值是確保和平，戰爭是所有神、人秩序的大敵：

> 我們學會洞察，人類社會的邪惡禽獸也不會比懷疑、仇恨、忌妒和紛爭更為有害，而它們可怕的後果，戰爭，則匯集了所有的不人道。

七年戰爭期間，由於孟德爾松愛國發言人的角色，他在柏林猶太社群的地位逐漸鞏固。一七六三年四月，也就是終戰感恩祭之後的幾週，社群長老們開會並決議，以特殊方式來表揚孟德爾松，免除他所有應繳給社群的稅負。「摩西的投入，可以說大過社群中任何一位居民。今後，只要他還住在我們社群裡，他們一家就可免除所有費用和稅捐。」通常只有社群拉比和卓越的宗教學者才享有免稅優待，所以把這種特權頒給像孟德爾松這麼一位學者並不尋常。社群長老的這種表揚，當然也考量到他社會聲望所帶來的益處；他的公眾地位，有助於鞏固柏林猶太人及其周遭的聯繫。

出了名的孟德爾松對於做決定的社群成員別具重要性，這些人就是商人和金錢貴族精英家庭的家長們，尤其是艾夫蘭和易奇熙兩人。他們在七年戰爭期間是國王所委託的業者，專責控管錢幣流通，從而累積了一大筆資產。為了掌握龐大的戰爭經費並避免經濟崩潰，普魯士硬幣的價值在所謂「錢幣猶太人」的協助下大為降低了。錢幣的重量減少，而金幣和銀幣也摻入了低價金屬。這麼一來，用等量的貴重金屬便可以鑄造更多的錢幣。「錢幣猶太人」的經濟影響力，從政府所給予的特權可以明顯看出；此外，他們本身及其親朋好友更在柏林社群的各種機構獲得職位。可以說，他們在一七六零年代直到世紀交替期間，形成了柏林猶太人的領導階層。這群經濟精英和國內的銀行業和紡織業也有往來，他們的成長導致多方面的影響。他們的孩子習得當時歐洲普遍的生活方式。他們跟這個專制國家的經濟官僚往來密切，且認同對方的目標和倫理，也就是，以勤勉工作發展經濟並為國家謀利益。此外，在他們看來，猶太人自己在輿論以及國家眼中，比起前幾代猶太領導階層的形象，更重要許多了。因此艾夫蘭、易奇熙和其他家族都很注重孟德爾松在猶太社群中的地位。他們資助年輕學者，以及孟德爾松和其他人的寫作計劃，並把這位哲學家看成是能在多數民族社會中，光榮代表猶太人的某種無冕領袖人物。

柏林的猶太精英逐漸清楚地了解到，當時猶太人所處的氛圍，並不只有腓特烈二世的疑忌和敵視而導致一七五零年歧視性法案的頒行，而是也有支持正直、勤勉且能夠帶來效益猶太公民特質的用意。因而孟德爾松和那批精英，試著為猶太人實現其利益，甚至實現「減少施加在他們身上限制」的盟友地位，也就更加彰顯。他那有名望的哲學家生涯，正可以成為社群中富人和他這位不尋常知識分子之間關係的基礎。日漸融入歐洲啟蒙運動者網絡的孟德爾松，也就成了柏林猶太社群的展示對象。

雷辛一七五六年便離開柏林，從此以書信往返來維繫他跟孟德爾松的友誼。不過，孟德爾松的社交圈也不斷在擴大，他跟尼可萊相處了不少時光。尼可萊當時的住處，正是後來孟德爾松一家人一七六二年遷入的地方。他寫信告訴雷辛：「我經常拜訪尼可萊先生。我們在花園裡朗誦詩歌，他讀自己的文章給我聽，我就坐在自己批評者的位置上讚美、發笑、贊同、指責，直到夜幕降臨。」

詩神即使在七年戰爭期間也不沉寂，孟德爾松展現了非凡的創造力。他在德國啟蒙運動圈朋友所發行新的文學、哲學期刊上，發表了數十篇文章。此外他也寫了許多評論和若干哲學論述，並把別人的作品譯成德文。其中最重要的就是盧梭具開拓性，卻也備受爭議的《論人類不平等的起源和基礎》（Discours sur l'origine et les fondements de l'inégalité parmi les hommes）。孟德爾松也跟當時許多哲學家一樣，對盧梭消極的世界觀不予認同。盧梭認為文化腐蝕了人類自然、自由且快樂的正面特質。然而，這部啟蒙運動傑作的譯文本身卻是一大成就。

一七五七年，孟德爾松開始跟柏林的科隆文科中學（Cöllnisches Gymnasium）校長達姆（Christian Tobias Damm）學希臘文，後來他也成功地把柏拉圖《理想國》（Politeia）的若干章節譯成德文。在一七五九到一七六五年間，他在朋友尼可萊所辦的〈有關最新文學的書信〉（Briefe, die neueste Literatur betreffend）期刊上發表了一百二十多篇文章。孟德爾松所往來的學者圈子不斷擴大。在他的新朋友當中，數學教授兼哲學家阿柏特跟他最親近。阿柏特因著對戰爭的觀感寫了愛國文章「為祖國而死」，孟德爾松為這文做了熱情洋溢的評論，他們的友誼正是由此而來。一七六一年夏天，阿柏特一趟令兩人難忘的柏林訪問，更堅定了雙方的友誼。

一七六三年，孟德爾松在皇家科學院徵文比賽得到首獎，達到了生平成就的巔峰。他在「論形上學的明證性」（Abhandlung über die Evidenz in metaphysischen Wissenschaften）當中所處理的論題是，哲學真理是否和數學真理一樣確鑿？他為哲學辯護，反駁對哲學是否能做出客觀且真實陳述能力的質疑，儘管它的方式與數學有所不同。孟德爾松在論文第三章當中，藉由提出有關上帝的理性哲學證明來展示自己的命題。就在他的人生結束前夕，有人要求他表明對猶太教的見解，尤其是對於「普遍且自然的宗教思想」和「神啟及賜頒妥拉的信仰」之間的關聯時，這一命題扮演了非常重要的角色。一七六三年六月初，柏林皇家科學院舉辦一場公開集會，把思辨哲學的獎項頒給了孟德爾松。在一七八零年代，對哲學做了突破性大變革的柯尼斯貝格（Königsberg）大學教授康德（Immanuel Kant），當時也參加了徵文比賽，卻只能讓人褒獎地提起而聊以自慰。大約一星期之後，柏林一家具有明顯地方愛國傾向的報社刊登了一則新聞：

科學院週四舉辦公開集會。獎項由本地一位早已因書寫而知名的猶太人孟德爾松獲得。

在那段戰爭期間，孟德爾松身為一流哲學家的公眾聲望越來越鞏固，他的私生活也出現了轉折。一七六二年夏天，孟德爾松三十三歲時，娶了來自漢堡，小他八歲的弗洛梅（Fromet Gugenheim, 1737-1812）。夫妻倆遷入斯潘道爾街寬敞的新家。婚後不久，他寫了一封信給朋友阿柏特，告訴他，婚姻的體驗排擠到他哲學思考的興致，令他的生活脫離常軌。這封信後來常被引用。

> 幾個星期以來，我沒跟任何朋友談話，沒給任何朋友寫信，沒有沉思，沒有閱讀，沒有寫作，只有調笑、宴飲、觀察神聖的習俗……一位目前我稱為內人的藍眼睛小姐，在感覺上，已經融化了她男友冰冷的心，讓他的心神在渙散裡糾纏，而此刻，他正不斷努力擺脫這種盤繞。

孟德爾松在一七六一年春天訪問漢堡時認識這位藍眼睛小姐，之後便把兩人的關係描述成偉大的情史。自從他一七四七年來到柏林，這是頭一次離開去拜訪好友龔培茲；當時龔培茲就住在漢堡親戚古根漢（Abraham Gugenheim）的家裡。正如同過去把孟德爾松介紹進柏林學者圈，並讓他跟雷辛相識一般，這時龔培茲也間接影響了孟德爾松的命運。莎拉是孟德爾松上班公司的老闆貝恩哈特的女兒，也是弗洛梅的朋友。在她的居間介紹下，兩人相見而彼此愛慕。孟德爾松回到柏林之後告訴雷辛：「我有心想娶的這名女子，既沒有財產，也沒有美貌和教育程度；而我仍然像戀愛中的傻子那樣，深深為她著迷，也認為能夠跟她一起幸福地生活。」其實孟德爾松有意評低一般所謂理想妻子所應具備的品德、財產、美貌和教育等等條件。按照當時在猶太社群常見的行為模式和習俗來看，這種對自由戀愛的強調，以及把幸福當成婚姻關係基礎的期盼，是極不尋常的。史家卡茲（Jacob Katz）指出，孟德爾松和弗洛梅的結合方式，對於歐系猶太教普遍的男女規範而言，意味著影響深遠的轉折，對愛情與性的觀點已徹底改變。

漢堡之行只持續四個星期。但兩人的戀情發展得既快又強烈。他們分開後，孟德爾松在回家路上還一直想著她的吻。他沒有隱瞞她，自己其實對一樁由父母所安排的婚事保持距離。他不但主張自己擇偶的權利，更有不必順從一般婚約禮俗的自由。他尤其拒絕財物約定的商談和交換禮品的風俗。他想跟弗洛梅共組家庭，而含有深厚感情的盟誓就是他倆關係的基礎。他強調他的決定是個人的，並不考慮任何社會規範，只依憑感情的投合。他跟弗洛梅的關係是用心靈的語言來表達。他愛她的純樸自然。

正如先前孟德爾松自己決定了脫離拉比生涯知識分子的不尋常道路，現在也讓人看到，他懂得按照自己的觀念和內心喜好來形塑私生活。

從一七六一年春天到隔年春天，他們兩人各自分開生活了一整年。在這期間，對漢堡之行的回憶和對未來的計劃拉近了兩人的關係。他倆的愛意在數十封信中表達出來，且大部分以猶太德語寫成。他們透過漢堡和柏林之間的郵車每週通信兩次。孟德爾松的信件大致保留下來了，但弗洛梅的卻只剩下對她急不可待未婚夫信件的回應。信中洋溢著愛意和思念，以及忠貞的表示和對重逢的期待。孟德爾松許多信件都以「我最親愛的弗洛梅」開頭，並談到自己的思念，以及自己心中那任何哲學思考都無法填補的空虛。他寫道，唯有她那讓他不斷展讀的回信，才是他喜悅和慰藉的泉源。而還在持續的戰事和因此而來的恐懼也浮現在兩人的通信之中，最後卻也促成婚期的決定。他們在信件中還特別談到婚禮的若干安排，日後新娘在柏林取得居留權，以及她進修的問題。

弗洛梅出自跟社群長老和經濟精英關係良好且擁有特權的家族。他父親亞伯拉罕是來自維也納知名的宮廷猶太人歐本海默（Saul Oppenheimer）的曾孫。她的父母負擔得起請家教的教育費用。不過孟德爾松對伴侶有別的計劃，鼓勵她接受一種適合於哲學家妻子的教育。龔培茲照管她的進度，孟德爾松則推薦合適的書籍，並透過一位朋友支付一名法語老師的酬勞。法語在柏林是有教養者的語言，所以孟德爾松認為，一位學者精英成員家中未來的女主人能掌握這個語言，是妥當而貼切的。

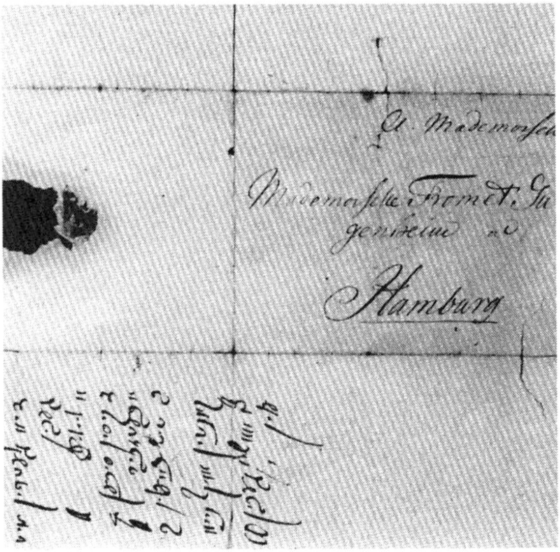

・一七六二年三月十六日孟德爾松寫給新娘弗洛梅的信封

孟德爾松想要有一位知識分子當妻子嗎？從這個角度出發，他跟歐洲啟蒙運動其他男性成員似乎並沒有不同；從他們男性觀點來看，期待一位能把自己侷限在私人家務範圍裡的妻子，是理所當然的。雖然他在擇偶方面獨立自主，也強調以感情相待之道，但是他給弗洛梅語言和文學教育的目的，不過是讓她準備好承擔哲學家之妻和女主人的任務，而絕不是想讓她進入學者圈。當他發覺弗洛梅花太多工夫在讀書上時，便敦促她設定一個適合妻子的分際。一七六一年夏初，孟德爾松寫信告訴她，他最注重的是她能留意自己的健康：「您不需要為了改善心靈，而損害自己的身體。學您所喜愛的，但是要輕鬆，時間要短。夏天時就別老是在陽光下看書吧。」他在弗洛梅投入學習大約半年之後的另一封信裡，開始有所責備，他輕聲但確切地提醒她：

您想藉此謀求甚麼呢？變得博學嗎？願上帝制止您！適量的閱讀可以妝點女人，但博學不能。把眼睛讀紅的小姐，是會被訕笑的。我最親愛的弗洛梅啊，除了兩種情況以外，您是不應該在書中尋找庇護的。當您的心情尋求愉悅卻在社交中找不到時，這是一種；第二種是，當您的心靈有意往善的方面加強時。

目前留存下來最早這對夫婦的肖像中，可以看出夫妻之間的角色分配，以及妻子如何被排除在學者世界之外。在一幅一七六七年象牙上的袖珍畫中，可以看到在自己工作室的孟德爾松。在他背後有塞滿了的書架，和象徵科學的地球儀及骷髏頭。他手上捧著幾本書，手指還插在最上面一本的書頁中。他身著厚重的黑色家居長袍，臉上襯著幾乎不可見的薄短鬚，茶色的大眼則透露出學者在思考卻被畫家打擾時的不耐。他的神情彷彿是被作畫所迫而中斷自己的研讀，並想儘快再繼續似的。

同一年，弗洛梅的袖珍畫顯示一位美麗的少婦，居家嫻靜地坐在自己房裡。她的頭髮包上好看的頭套，如同當時已婚婦女應有的模樣。她戴著項鍊，衣著樸素、合宜，質料精緻。她坐著，半裸的右臂擱在一張桌子上。桌子鋪著紫紅絲絨桌巾，上頭還擺了一面鏡子。她明亮的眼睛謙和地直視著。這是一位懂得自己的價值和身為莊重女主人角色的女性。

外貌裝束對兩人都很重要。早在婚前所寫的信中，弗洛梅就提過已婚婦女這種特殊的，由她親自編織和裝飾的頭套。孟德爾松則對她解釋，為何在他看來，男士假髮更優於費心整理的真髮髮型。只有在安息日和節日，他才會選擇由髮型師專門梳整過的真髮。至於平時他就戴假髮，用他的話來說就是省事，而把腦袋保留給更重要的工作。落腮的短鬍以及他所愛用的，流行的假髮，都是他努力突顯自己特色的另一種標記。在社群長老拉比看來，他的這些習慣透露出想等同於非猶太人的迫切心願。孟德爾松的行為卻也符合了跟他同世代的城市猶太人，尤其是適應歐洲生活方式的經濟精英和商人圈子日漸盛行的趨勢。就連他妻子的角色，當一名優雅的家庭主婦和女主人，亦即全心全意在自己家裡，管理家務，並精通歐語和文學（弗洛梅達成的幾項任務），也符合了當時市民的理想。

在弗洛梅可以離開父母家而遷到柏林之前，這對夫婦必須取得該城市的居留許可。前面提過，柏林並不樂見其他猶太人

· 孟德爾松。P.S.博士在象牙上的袖珍畫（1767年）

· 弗洛梅。P.S.博士在象牙上的袖珍畫（1767年）

遷入。由於孟德爾松在普魯士王國的地位是「受容忍的」猶太人，他必須取得特許證，才能在柏林結婚。居留許可的猶太詞語kiyumim（生存）是個源自中世紀的概念，清楚地表露出，歐洲猶太人有多麼依賴當權者的恩惠，他們的法律地位從中世紀以來改變得有多麼少。孟德爾松從漢堡回來後不久，便把申請透過猶太社群長老呈交。這程序相當冗長，更有種種官僚阻礙。到了一七六一年夏天，弗洛梅開始擔憂起來，孟德爾松回覆她：「至愛的弗洛梅，這件事在這裡並不好辦。」必須等候國王返回他的冬季行宮，並期望大總管艾夫蘭的善意。

孟德爾松以清楚的話語，把過失歸咎到社群管理階層中金錢貴族成員的耽擱。說得委婉些，當事情牽涉到許可其他猶太人來社群定居時，他們是不太樂意的。浪漫的孟德爾松寫信告訴弗洛梅：「如果我有幸在此看到您，並跟您一起生活的話，如果上帝願意，您也得避開所有和此地富人來往的社交界，因為您的個性根本無法忍受那種思考方式。不過我們還需要尋找多少交誼呢？我會在您身上找到最投合的同伴，並努力讓自己成為您最好的伴侶。為什麼我們需要別人才能有幸福呢？」後來，在共同生活的整個歲月裡，他們的房子卻偏偏成為叱吒風雲的社會中心點。這個家庭登上社會的頂端，並透過他們子女有利的婚姻而跟金錢貴族精英有所接觸。

大半年過去後，也就是一七六二年三月二十六日，孟德爾松才能夠愉快滿足地告訴未婚妻，他已經拿到所渴求的居留許可證了。他宣佈：「昨天我們的居留權在上帝的幫助下議定了。」不過，在社群委託下撰寫政府頌歌和愛國佈道文的同一位孟德爾松，卻在這封七年戰爭結束前不久所寫的私人信件裡，透露出一種，以身為猶太人的卑屈感為根源，對普魯士國家嘲諷，且多少有顛覆政治的態度：

如今您是普魯士的臣民，……必須站在普魯士這一邊，且相信對普魯士好的，就是對我們有利的。俄國人、土耳其人、美國人全都任憑我們指揮，就只等我們首先示意。我們的硬幣還會比紙鈔更好，全世界都向柏林尋求安全，我們的「交易所」也會出名，而且就從宮廷廣場（Schlossplatz）直到我們家。這一切您都必須相信，因為您有柏林的居留權。

當時柏林的情勢實際上一點也不穩定，食物相當缺乏，物價也昂貴。當地居民藉由報刊密切注意戰情。直到夏天俄羅斯和普魯士簽訂特殊和平條約之後，人們才鬆了一口氣。一七六二年七月初，也就是獲得居留許可的三個月後，弗洛梅終於來到柏林。這對新人辦理結婚登記，遷入了斯潘道爾街六十八號一棟有後花園的兩層樓房。

居留和結婚許可的取得，在某種意義上加強了孟德爾松在柏林的地位，卻改變不了腓特烈二世一七五零年法案規定下，他身為「受容忍」猶太人的屈辱邊緣身分。孟德爾松越出名，朋友們就越敦促他，利用學者聲望來改善自己的法律地位，但他的自尊心卻阻止他這麼做。孟德爾松向大眾隱瞞了，由於自己的社會地位和猶太人法律地位之間日漸擴大的差距所產生的心靈創傷。不過，這事仍然在他跟朋友和推崇者的私人通信當中不斷表露出來。一七六二年四月，也就是取得居留許可大約兩週之後，他收到瑞士啟蒙運動領銜發言人之一伊澤林（Isaak Iselin）希望他加入伯恩愛國社的邀請。孟德爾松雖然把這邀請看成是歐洲啟蒙運動知名學者圈對他又一次認同的表示，卻以若干理由加以迴避。他在回信中解釋，他那較低微的猶太人地位，不容許他參加知識分子涉及政治問題的研討會。他寫道：

儘管思想自由在腓特烈的普魯士受到保障，可是您知道，我的信仰弟兄們對種種有關「國家自由」的投入向來有多麼稀少。我們受到深層撕裂人心偏見的咀咒，這種打壓就像是一個使精神無法躍升的沉重負擔，更讓生而自由者喪失高飛的能力啊。

直到一七六三年四月，弗洛梅頭一胎懷孕八個月時，孟德爾松才意識到自己對新家庭的責任。他克制傲氣，向腓特烈二世請求提升自己的位階以及王室的保護。他在請願書中寫道：

我從小就一直住在陛下的邦國中，並希望能夠長久定居在此。然而我是外邦人，且沒有法令所要求的財產，所以斗膽請求國王陛下，讓我和孩子們享有臣民應有的保護與自由。雖然我繳交較少稅金，卻能多加投入您也支持的科學研究。

這封孟德爾松違背自己原則而以卑屈態度所寫的請願書，對專制國家君主來說很平常。信由亞爾尚侯爵親自呈給國王。這位當時生活在柏林的激進法國哲學家，屬於皇家科學院的活躍成員，跟國王走得很近。但腓特烈並沒有回信。不過，這位身為襲培茲上司，又是孟德爾松讚揚者的侯爵並不氣餒。孟德爾松在等候三個月之後又寫了一封信，侯爵則附上一段另有所指的短語，想藉此讓國王以宗教寬容的原則來對待這位猶太哲學家：

一位壞天主教哲學家（亞爾尚），為了一位壞猶太哲學家（孟德爾松）的特權，請求一位壞新教哲學家（腓特烈）。這當中所隱含的哲學，遠多過理性不核準申請這件事啊。

前面提過，一七六三年六月，也就是在等候國王回覆期間，孟德爾松在皇家科學院的比賽中拿到首獎。在柏林，沒有人能無視這件事。這一回，請願書進到了國王的辦公廳。同年十月，孟德爾松在內閣的決議下獲得所要的特權，並在普魯士官僚體制下歧視性的等級制度中，登上「特別受保護猶太人」的位階。

儘管歧視情形沒有改善，孟德爾松仍舊走在他個人成就與名聲的生涯道路上，這和他同時代的猶太人截然不同。從跟弗洛梅結婚到四十歲這七年期間，他身為哲學家的地位已經鞏固，這地位在一七六七年他的暢銷書《斐多－論靈魂的不朽》問世後更形重要。他的作品因論文的書寫而繼續增加，並獲得學院獎項，高階人士也登門拜訪。他的法律地位得到改善，柏林猶太社群免除他的稅負，並尊他為他們寶貴的子弟和受重視的代言人之一。隨著七年戰爭結束，一個恐慌不安的時代也因而遁形。在當時的歐洲社會中，作為親密生活空間的家庭變得重要，親子關係也更加堅實。

孟德爾松的家庭也有所擴充。弗洛梅在結婚三個月後懷孕。一七六三年五月，第一個女兒莎拉（Sara）出生，這名字沿用自孟德爾松的母親。可惜莎拉在周歲生日之前就突然夭折。雖然歐洲的醫療照護不斷改善，衛生觀念增強，平均壽命延長，嬰幼兒的死亡風險也降低，但是直到十八世紀後半，嬰兒死亡率仍舊居高不下。例如腓特烈二世之所以能夠掌權，畢竟是由於他的兩個哥哥都活不到周歲的緣故。

孟德爾松家有三個孩子在襁褓期就夭折了。至於沿用孟德爾松父親名字的四子孟德爾（Mendel），不到七歲就死了。孟德爾松順服命運安排。他在一封信裡向好友阿柏特表露自己的憂慮，以及對降臨他家不幸的想法：「死神敲開了寒舍的門，奪走我一個孩子，才十一個月大，是無辜的歌特洛（Gottlob）！她曾經活潑地在充滿希望的允諾下活在世上啊。」孟德爾松繼續表示，孩子短暫的生命並未白費，他

‧《斐多》的封面，一七六七年在柏林出版

也以樂觀主義哲學來解釋個人不幸的意義。他和弗洛梅本來可以跟隨孩子們由幼至長的發展，看到他們長成能展現出有別於其他生靈的，有道德、感受和思想的人。「這一切難道在整個大自然都看不到半點跡象嗎？」難道人是瞬生瞬滅的嗎？不，孟德爾松自己回答：「我不相信，上帝把我們像浪花那樣投生在世上。」從此之後，靈魂不朽就成了他在宗教哲學層面上迫切的實存問題，並繼續投入找尋結論性邏輯證明的工作。後來他把有關這個主題的思想融貫在《斐多》中。

在莎拉忌日的時候，弗洛梅已經又懷了另一個女兒。她生於一七六四年十月，取名為布蘭黛（Brendel）。布蘭黛在柏林猶太上流社會長大成人，她的子女在該世紀末經歷了深刻的身分認同危機。一七八六年孟德爾松去世之後，布蘭黛的生活出現許多改變。她改名為朵若緹亞（Dorothea），跟她猶太丈夫魏特（Simon Veit）離婚，而和情人，也就是浪漫派的施雷格爾（Friedrich von Schlegel）同居，後來改宗新教並嫁給他。她用德文寫了一部長篇小說《佛羅倫汀》（Florentin），並再度改宗，這次是皈依天主教。從啟蒙運動到浪漫主義反叛唯理主義的文化變遷，是她動盪人生的背景。她對宗教的反思，另一方面對自由愛情的推崇，都是六零年代所難以想像的。

雖然父母孟德爾松和弗洛梅的婚姻建立在互愛上，有別於猶太社會中通行的婚姻安排和嫁娶模式，但另一方面，這兩人的作為完全如同恪遵傳統且保守的夫妻，尤其是家中生養了許多子女。一七六六年二月，又一個孩子，喬姆（Chaim）出生，但一個半月後夭折。一七六七年七月，女兒瑞巧（Recha）出生。一七六九年一月，兒子孟德爾出生，前面提過，他小時候就夭折了。所以弗洛梅在婚後五年就生了五個孩子，直到一七八二年期間又生了五個，他們是，一七七零年的約瑟夫（Joseph）；一七七五年的顏忒（Jente，亨瑞耶忒Henriette）；一七七六年的亞伯拉罕，就是後來作曲家孟德爾松（Felix Mendelssohn-Bartholdy，一譯孟德爾頌）的父親，一七七八年出生不久就死了的希瑟（Sise），以及一七八二年的納坦（Nathan）。在一七七零年約瑟夫（第一個活下來的兒子）出生，他和顏忒出生之間有不小的空缺，是由於孟德爾松在七零年代初的病情。十個孩子裡只有六個，三男三女，活過兒童期。這對父母努力過著模範市民的家庭生活。他們以愛撫育子女，投入許多心思和金錢在他們的教育上，花時間陪伴，並帶他們進入自己的社交圈。每當孟德爾松短期離家，就會寄上思念的信件、問候和親吻給弗洛梅和孩子們。所以孟德爾松家的特色，就是結合了依照傳統模式所塑造的猶太人生活，以及柏林市民家庭的生活方式。

孟德爾松在給猶太友人的一封信中寫道：「我有個家世良好且敬畏上帝的妻子。」然而緊繫傳統生活方式的表徵，並不只有弗洛梅戴的頭套、多次分娩和不斷擔憂子女而已。一家人也都持守安息日、節日、會堂禮拜和飲食誡律。孟德爾松還有一本曆書《穀捆數算》（Omerzählung，數算從踰越節到五旬節之間的日子）。他遵守從搭模斯月（Tamuz）十七日到埃波月（Av）九日期間的悼念儀式，也跟當時傳統的猶太人一樣地蓄鬍。他關心兒子的宗教教育，並跟柏林和其他社群的拉比保持良好關係。孟德爾松夫婦捐贈一條帷幕給社群會堂。這條繡工華美的絲綢帷

· 一七七五年由孟德爾松夫婦所捐贈的精繡絲綢妥拉帷幕

幕，以弗洛梅裝飾精美的新娘禮服縫製而成，用在會堂中的妥拉壁龕上。同時，這一家人也維持一種全然歐式市民的生活方式，他們適應多數人的社會，並參與擁有多元選擇的柏林文化生活。

孟德爾松戴假髮，家中子女隨著時尚穿戴，後來更購置家具，佈置寬敞的房子，如同富商的格局。孟德爾松和弗洛梅在自家和庭院招待親戚、猶太和基督教的朋友和學者。他們到別人家裡作客，也會帶孩子到公園和市內大道上散步。當一位來自立陶宛，後來享有哲學家名望的年輕猶太人麥蒙（Salomon Maimon）走進他們家時，彷彿來到異地。他在自傳裡寫道：「當我一打開孟德爾松的家門，看到他和在場其他上流人士，以及漂亮的房間和有品味的傢俱時，我嚇得倒退，關上門而不敢進去。」

孟德爾松家的經濟情況越有改善，地位象徵也就越多。這對夫婦請了女傭和廚娘，以及子女的家教。家教們以幾種歐語教小孩，也讓他們得到專門的音樂和文學教育。愛好音樂的孟德爾松和太太一起聽音樂會，甚至跟柏林一位有名的音樂家學鋼琴。在七零年代他生病期間，還去了兩次皮爾蒙特（Pyrmont）。那裡不僅以有療效的礦泉名聞遐邇，更是德國上流社會娛樂和療養的勝地。在皮爾蒙特可以接觸到學者、貴族和皇室成員，也可以在市內大道上散步、去書店，或是到劇院、舞廳或咖啡館休閒。有一次，孟德爾松在柯尼斯貝格逗留，弗洛梅還寄信詳細告訴他家中的事情。客人繼續上門，十三歲的布蘭黛彈奏鋼琴，而她自己則上劇院。她寫道：

星期四一起床，就有不少好友來拜訪，他們問我夜裡睡得如何。下午雷辛先生（孟德爾松好友雷辛的兄弟）來接我、布蘭黛和萊可兒（Reikel）去和他太太一起喝咖啡，恩格爾教授也在場。我們在那裏喝咖啡，談論德語和法語劇組。……親愛的摩西啊，你想我們喝完咖啡後做什麼呢？我們女士去看法語喜劇，男士們看德語喜劇。……布蘭黛已經相當聽得懂喜劇，而萊可兒目前還得花工夫學，今天她起碼手上還有一本法文書呢。

弗洛梅的信表現出傳統和時尚生活方式共存，也正是在柏林社會和文化環境中一個啟蒙家庭的特色。信是用猶太德語寫的，信紙上端有著希伯來字母bet和he的裝飾，它們在傳統猶太信函中代表了be-ʾezrat ha-shem（願神佑助）的縮寫；此外還有「柏林，聖曆五五三七年搭模斯月十三號安息日前夕」的紀年。

這種傳統和現代的結合，不僅標舉了這個家庭的生活，更突顯孟德爾松一七六零年代知性活動的特色。接續著〈宣講道德者〉的出刊，孟德爾松參與十八世紀時，早期猶太啟蒙主義者挽救、保存和革新中世紀猶太教哲學和科學傳統的工作，並發揮了決定性的影響力。相對於歐洲啟蒙運動圈中哲學和科學的蓬勃發展，猶太人以妥拉、塔穆德和法典為依歸的心智侷限，讓薩摩奇、龔培茲和其他猶太塔穆德學者、學生和醫師，心生日益增加的不滿乃至某種自卑感。孟德爾松跟他們一樣，也努力想在拉比精英當中，對於拓展知識面和改變思想有所貢獻。一七六一年，一位來自耶路撒冷的醫學生卡里爾（Samson Kalir）拜訪孟德爾松。這人在德國各地猶太社群遊走，並在富有的社群長老艾夫蘭保護下逗留柏林。他敦促孟德爾松就麥蒙尼德的〈邏輯術語淺釋〉（Erkläung der Termini der Logik）寫一篇評注。孟德爾松達成了這個要求。他想把這本十二世紀的，自一五六七年威尼斯版之後就不再面市的邏輯入門文字，藉由重新出版而轉換成適合哲學研究初學者的導論。

原本想利用麥蒙尼德被遺忘的作品讓自己出名的卡里爾，卻欺騙了孟德爾松。他急忙在奧德河畔的法蘭克福印行了這篇評注，卻沒有知會孟德爾松，也沒有刊登他的名字。孟德爾松心生怒火，卻克制自己的怒氣，一七六五年在柏林發行了親自修訂增補的新版本。經過孟德爾松的注解之後，麥蒙尼德的〈邏輯術語淺釋〉成了所有對這種被歐系猶太文化邊緣化的知識感興趣者的基本教材。這本書達成了雙重目標，一者，它促成了一位在妥拉學界有著異類名聲作者的研究工作；再者，這也突顯出，那位十八世紀之子的評注，增添了德語對新時代哲學的解釋，並把自然科學和宇宙學當中的老舊理論帶到一個新的境地。

孟德爾松以莫大的熱情努力點燃讀者哲學思考的火焰，並反駁所謂「外來學問」會動搖宗教信仰的指責。恰恰相反，他主張，由於哲學是

· 皮爾蒙特溫泉廣場，蓋澤（Christian Gottlieb Geyser）的銅版畫（1784年）

以認識上帝為目的，所以更是妥拉的一大支柱。「上帝給了人一顆心，以了解創造是無止盡的巨大、驚人的奇蹟，也讓他認識上帝的偉大與莊嚴，並感謝祂時時刻刻為祂的受造物，從天上崇高的天使直到地上爬行的蟲蟻，所行的大善。」孟德爾松寫道，不可任由人的理智權充唯一的法官，而不從妥拉和宗教傳統取得建言，否則信仰就淪喪了。然而決定以妥拉作為依據的人，也必須進行哲學思考和科學研究，才能讓他的信仰清楚、純淨而無謬誤。

為了向傳統猶太學者精英的子弟推廣，孟德爾松呼籲別對哲學閉上眼，也不要害怕哲學。學者和愛真理者不妨在自己的宗教學識和信仰上，加入哲學「研究」，來認識哲學的本質，「並在這門學問中演練，引導自己的理性，教導它走上正途，登上正確的階梯，而不會向左、向右偏離真理的道路。」因為不同於猶太教的哲學屬於希臘和亞里士多德，所以想走不同門徑的人，就別讀亞里士多德，而應該聽聽「妥拉之王」麥蒙尼德的智慧金言。當他陪同人們走上智慧之路時，任何疑慮都變得無憑無據。

邏輯所隱含的風險畢竟不多，因為它有如數學和天文學，憑著自身明晰和嚴謹的證明而脫離單純的臆想。邏輯規則迥異於宗教，不可能打擊到妥拉的基礎，以及誡律與禁令。孟德爾松強調，事情無關另一宗教觀，也不是和信仰、傳統相競爭的理念，而是單單涉及一個重要思考工具的獲取。他建議，從現在起，學堂中全時投入妥拉研讀的年輕子弟，每週要把一、二個小時放在邏輯和哲學基本原理的研習上。孟德爾松在七零年代中期重新鑽研麥蒙尼德，而能夠對他同時代的拉比精英做出批評，並對猶太文化哲學的復興抱持展望。這可是一位除了塔穆德和宗教律法知識以外，還懂得當代哲學、科學知識以及合理思考規則精英的展望。

在孟德爾松努力把哲學，尤其是把中世紀理性猶太思想導回猶太文化循環周期的日子裡，計劃了哲學傑作《斐多》的撰寫。一七六零年代初，他對柏拉圖的興趣甦醒了。前面提過，他翻譯柏拉圖《理想國》若干章節，並同時開始改寫和出版柏拉圖的《斐多》。這作品的焦點，是蘇格拉底在監獄喝下毒液之前跟學生們的談話。孟德爾松孩子莎拉和喬姆的夭折，增強了他處理這個最令他痛苦甚或害怕問題的決心，因為在他看來，這問題最是接近對神的信仰，亦即，人的死，難道就意謂其存有的徹底喪失嗎？把人單單看成是生理機械的唯物主義哲學和科學，其積極的答案等同於否認上帝和靈的本質，而使得任何人類道德失去根據。相信造物主慈悲、全能，並會給受造物所有的好，也相信人相對於其他生物的特殊價值，並相信能得到祂的完美，以及祂付與人的天命，這樣的人就得自行證明靈魂存在，且不會隨著肉體死亡而消失。以哲學論證人的死亡並不是一切都告結束，就是孟德爾松把柏拉圖《斐多》改寫成現代版關於存在的中心議題。

這本一七六七年首度在柏林發行的書大獲成功，很快就成為暢銷書。第一版才四個月就銷售一空。一七六八、六九和七六年更發行新的版本，在孟德爾松生前總共出了十一版。此外《斐多》還被翻譯成荷蘭文、丹麥文、法文、義大利文、俄文和希伯來文。批評界交相稱讚孟德爾松，還尊稱他為「德國蘇格拉底」。這部披上古典作品外衣呈現十八世紀哲學觀論著的優美文學，以及把蘇格拉底刻畫成啟蒙時期正直、勇敢，為良心自由奮鬥的哲學家對話，都深獲許多歐洲讀者的心。孟德爾松顯然也成功駁斥了否認靈魂存在的無神論。這本啟蒙時期的優秀作品《斐多》，讚揚了自然界中萬物之靈的人文理想，及其身為能思考、感受並追求完美和幸福的受造物特質。如同孟德爾松對女兒莎拉之死的感言，現在他寫道，「人生無異於浪花」的說法是無法想像的。至高智慧（上帝）賦予人特質，使人具有靈魂並努力拾級而上，也給人價值以促成其行動，也就是為了崇高目標而犧牲自己生命。這一智慧不會在追求完美的過程之初便斷絕，並將人的努力導向荒謬。生命不可能單單以生活為目的，而沒有其他的存在，所以一定有對痛苦和邪惡的解釋和解答。上帝的完美不容許祂指向一種違反人類真實存在的質素。對上帝的單純定義使人無法相信，祂會對人行不義與邪惡，或是把人造設成毫無希望的空桶子。公義和慈憫的人也不可能跟施暴作惡者遭逢同樣的命運。人一生的辛勞會在死後找到報償。

對於探究自己匆促一生的人，《斐多》含有安慰人心的訊息。這訊息有別於以信仰為前提的神學慰藉，而以哲學原理為依據，所以就連重視自然宗教甚於教會學說的歐洲啟蒙運動代表者也可以接受。孟德爾松藉由《斐多》壯大了相信自然宗教者的陣容，因而獲得更大的名氣。他那有關神的庇佑、靈魂不朽和追求完美者的盼望等等樂觀結論，給啟蒙時期的宗教信徒帶來安慰，並同時提供了擊退懷疑者和否定者的武器。

相對於孟德爾松把自己註解的麥蒙尼德〈邏輯術語淺釋〉看成是塔穆德學生入門哲學研究的課本，以德文寫成的《斐多》則是他的大眾哲學書之一。這書發表後不久，一位早期猶太啟蒙運動者威則立（Naphtali Herz Wessely）提議將它譯成希伯來文。身兼希伯來文學者、注經家和詩人的威則立，在八零年代猶太啟蒙運動發展中扮演了重要角色。一七六八年夏天，感到意外的孟德爾松寄了一本樣書到威則立在哥本哈根的地址。他坦承，自己一直沒把威則立看成哲學青年，而且他本來想根據拉比的意見並以希伯來文寫作。此外他也表示歉意，因他那靈魂不朽的學說是特別從一位希臘人，蘇格拉底，引申出來的。

威則立告訴孟德爾松，他一天就讀完《斐多》，而且還讚美他透過「邏輯的光輝」成功地把信仰的原理闡述給廣大群眾。他表示，自己在尋求結合科學和宗教以及信仰和批判研究上，跟孟德爾松志同道合，並承諾，等到安置好其他事情之後，就會把《斐多》譯成希伯來文。後來威則立並沒有兌現自己鄭重的承諾。第一個希伯來文譯本要等到孟德爾松去世後才問世。不過這些接觸倒是開啟了兩人的友誼，且在幾年後隨著威則立遷到柏林而更加密切。

在《斐多》譯本之前，希伯來文讀者早已從孟德爾松一七六八、六九年間為〈所羅門傳道書〉（Kohelet）所寫的評論，得知他的靈魂不朽觀。孟德爾松想給沿襲自中世紀，注經家根據聖經經文字義來註解的傳統，注入新生命，於是從希伯來聖經卓越的智慧書中選出這一篇。此外，這也是史上頭一回用明白精確的語言，向當時的讀者介紹古代經文的內容和訊息。舉凡必要之處，他都把概念譯成德文，如同十年後他對摩西五經大譯註計劃的作為。除此之外，〈傳道書〉註釋中還有一篇論述，探討哲學、道德、宗教甚至當代的科學。這麼一來，孟德爾松便向希伯來文讀者介紹了他看法的要點，如同他在〈邏輯術語淺釋〉和〈宣講道德者〉中以不具名方式所做的評論那般。既然六零年代的孟德爾松把證明靈魂不朽看成是他優先的智識任務，〈傳道書〉註疏和《斐多》也都致力於這項目標。孟德爾松認為，所有問題中有關存在的議題也同樣是了解和解決〈傳道書〉中所謂內部矛盾的鑰匙。唯有相信神的天意、正義存在以及靈魂不朽的人，才能克服死亡和毀滅的恐懼，「因為相信一神及其預示的人必須從兩者當中做選擇，他要相信人死後還有靈魂，之後會有一段對萬物善惡的審判期；或者他就進一步，把不義和暴行歸咎於神聖的上帝。」

〈傳道書〉註釋提供了有關這難題的探討，它並不興起對人生價值的疑慮，而是鞏固信仰和希望，並帶來慰藉。孟德爾松在他的註釋當中攤示了該書的哲學觀，卻也在此擔當了早期溫和猶太啟蒙運動傳道者的角色，為讀者出示和諧生活的要義，一種融合見解和思維、感性、美學、享受和自然真實、愛和家庭溫暖、社會正義和宗教信仰的生活。

孟德爾松也在六零年代這個多面向的德文和希伯來文作品中，注重並推廣一種相當樂觀的哲學。這種哲學讚揚人的善性、生命的潛能和神的慈善，並給正直、信神、與家人關係密切且具有理性者的生活賦予意義。要是他在四十歲生日之前不久結算自己的社會地位和文學成就的話，一定高興又滿意，因為許多人想要接近他、拜訪他，讀他的文章，敬重他的才華。他以「德國蘇格拉底」的稱號名聞遐邇，猶太社群以他的公眾聲望為榮，他的家庭人口增長且經濟也毫不困窘。在一七六八年貝恩哈特過世之後，孟德爾松更成為老闆娘以外的紡織廠股東。不過，他的一封信表露出，在一團和樂與私人、公眾成就的外衣底下，他內心深處仍然有失望的感受。

一七六八年三月，阿爾托納的教授，且是教育學領域革命性的思想家巴澤多（Johann Bernhard Basedow）找上了孟德爾松。巴澤多後來在孟德爾松出生地德紹以盧梭的自然教育法建立了一所頗具創意的學校「人類之家」（Philanthropin）。巴澤多請求孟德爾松資助他所寫的《基礎之書》（Elementarbuch）。他認為，他在所推崇的《斐多》作者身上，找到理念相同且是猶太意見領袖的人。他的書從溫和啟蒙的觀點來提倡教育機構改革，所以孟德爾松可以在柏林猶太社群吸引到購買者。孟德爾松的回信表露了對自己身為普魯士猶太市民地位的看法，讓人認識到他的沮喪和痛苦，這種負面的自我意識有別於他在那些年裡所傳播的樂觀訊息。孟德爾松寫道：「倘若您以為您的基礎書，甚至您的教育計劃可以為我們帶來益處的話」，那麼巴澤多就是錯估了猶太民族的情況。雖然巴澤多致力於教育出明智、誠實且公正而能為國服務的人，但猶太人並不容許參與這項計劃。孟德爾松平日壓抑的自卑感在此突顯，他跟巴澤多爭論：

難道他（猶太人）得學著維護人權嗎？如果他在「受壓迫的市民」的情境下想要不那麼悲慘，就完全不需要知道這種權利。難道他要熱愛真理和合理的自由，以便疑慮，許多地方為市民而做的設施，都是為了阻擋他愛真理與合理的自由嗎？難道他應該靈巧得足以為國家服務嗎？國家所接受他的唯一服務就是金錢。從有限的生財工具繳出大筆的稅金，這才是我的弟兄必須能幹地去履行的唯一規定。

他諷刺地下評語：「如果您的基礎書教這種學問，那麼就會受到我國的歡迎，這是別的國家用不上的。」在猶太人受限的地位和啟蒙運動所帶來革新之間的分歧，在孟德爾松看來是如此巨大，如此具傷害性，如此侮辱人而難以容忍，致使他認為，不如從猶太人身上褫奪啟蒙，才不至於加大自己的不幸和失望。

在啟蒙運動人文主義價值和排擠猶太人「受壓迫的市民」之間的內部矛盾，是孟德爾松事業巔峰期念茲在茲的事情，也似乎使得他的成就有所疑義。只要猶太人的生活仍標記著限制和歧視，就很難想像，人們要如何認同包括孟德爾松等人所宣揚的啟蒙運動的崇高價值。正如同其他類似的情況，他寫給巴澤多信的結論是：「就此打住吧，這些思考令我感到非常挫敗，甚至使我可以毫無抗拒地順服。」一年多之後，這些被壓抑而有失望色彩的想法再度出現。一七六九年夏末，一個突發事件更加強化這一思維，而迫使他首度公開地，在面對自己的各種外在頭銜時，慎重處理了自己作為啟蒙運動哲學家和猶太人的雙重身分。

05

受辱與病痛
——拉瓦特事件

孟德爾松在一個社交保護區生活了十五年之久。在一個政治、社會和經濟上充斥疑忌和壓迫，顯然對猶太人並不友善的世界裡，他卻在學者及文人圈中獲得榮耀的地位。憑藉著個人友誼他在這保護區裡找到了依靠，友誼也在十八世紀德國各邦中演變成一種崇拜。這種友誼聯繫建立在彼此的尊重和信任上。在相互拜訪和通信的圈子中，對孟德爾松而言，是一塊可以感受到平等、自由和尊重，而不是偏見和歧視的領地。當一七六九年十月，瑞士神學家拉瓦特（Johann Caspar Lavater）突破這塊安穩領地的圍牆，踐踏這種友誼理想，並質疑孟德爾松身為啟蒙社會公民的地位時，讓他大為憤怒，內心深處燃起屈辱感。

蘇黎世神學家拉瓦特屬於歐洲啟蒙運動圈，以出於興趣而研究面相術而聞名。他在一七六三和六四年來柏林時多次拜訪了孟德爾松。就像在先前或之後的許多訪客一樣，這位當年才二十二歲的拉瓦特，對這位猶太哲學家印象深刻。他和孟德爾松在客廳和紡織工廠辦公室交談許多次，而彼此有了交情。拉瓦特在最後一次談話中敦促孟德爾松表達自己對基督教的看法。孟德爾松後來用以下的句子重述那次在朋友們之間的談話：

您一定還記得我在家裡跟您和您可尊敬的朋友們所進行的，愉快親切的談話，所以您不可能忘記我曾努力避免有關宗教的議題，並轉移到較為無傷大雅的事情上。然而您和您朋友非得強迫我，直到我在一件關乎心靈的要事上膽敢表露自己的信念。

直到孟德爾松得到外界並不會得知他的表白的承諾之後，才謹慎地承認，雖然他完全不認同基督教，卻對個別基督徒抱持寬容，並敬仰耶穌的道德特質。孟德爾松這種態度，跟當時包括恩登的幾位拉比對基督徒抱持相當寬容的態度相同。所

・拉瓦特（右）、雷辛（站立者）和孟德爾松在柏林，臨摹歐本海姆（Moritz Oppenheim，1856）油畫的木刻版畫。

以他不會料想到，他的寬容竟然會被解釋成是對基督教的偏愛。他也沒有察覺到拉瓦特內心燃燒著的「千年王國」烈火。拉瓦特一方面跟宗教啟蒙運動其他擁護者一樣，追求一種以科學和理性為根柢的基督教，另一方面卻也有基督徒對救世主的期待，夢想著基督再度降臨和一個「千年王國」的建立，也夢想著猶太人集體皈依基督教。這種期待在十八世紀德國各邦中廣為流傳。拉瓦特在《永恆的展望》（Aussichten in die Ewigkeit）一書中更挑明直說：

> 我當然相信並期待整個猶太民族皈依基督教。我當然相信，這種皈依跟基督千年王國會有相當確切的關聯。

在那場跟拉瓦特的對話幾年之後，孟德爾松收到一本剛從印刷廠出來，甚至還沒裝訂的樣書。這是日內瓦（譯註：瑞士法語區）自然研究者兼哲學家波涅（Charles Bonnet）的《有關證明基督教的哲學研究》（Philosophische Untersuchung der Beweise für das Christentum），由拉瓦特譯成德文。使孟德爾松失去鎮定的並不是書的內容，而是扉頁上的題獻。拉瓦特似乎公開地給這位「德國蘇格拉底」下最後通牒，也就是要求他皈依基督教：

我了解您深刻的見解、您堅毅的真理之愛、您不受攏絡的公正無私、您對哲學深重的愛慕，特別是您對波涅文章的推崇。令我難以忘懷的是，雖然您對基督教保持距離，卻以溫和的謙遜來下判斷；也就在我人生最快樂的時段之一，您透過對基督教創始者道德特質的肯定，表達了對哲學的敬重。同樣難忘且重要的是，我還可以膽敢請求您，在真理之神面前求告您的和我的創造者及父，並立誓，不以哲學的公正來解讀這篇文章，（因為如果沒有我的請求，您一定就會這麼做），而是，只要您對那些用來支持基督教真實情況的主要論據覺得不對，就請公開加以反駁；不過，只要對那些您稱為明智、真理之愛和正直的事覺得無誤，就請加以實踐吧！即使是蘇格拉底讀過這篇文章，也會不加反駁而實踐的。

孟德爾松一位好友尼可萊從這件事看出促動拉瓦特的「千年王國」熱忱。他明白，拉瓦特利用了孟德爾松私下對耶穌道德特質的言論，宣告一場雄心壯志的十字軍東征，以柏林知名哲學家皈依基督教為開端，因著這榜樣的觸發，又以猶太人大舉皈依為繼，更以達成千年王國做結。這篇題獻印在每一版本上，讓人無從忽視。於是學者團體要孟德爾松對這個明確的要求做出答覆。他會為了基督教而放棄自己的哲學觀嗎？他會和基督教進行神學討論嗎？他會背棄猶太教嗎？

孟德爾松深受傷害，而身邊所有的人也都可以看出貫穿他整個人的憤怒。他不斷問自己和友人們，促使拉瓦特走這一步的動機會是甚麼？難道這就是友誼的代價？孟德爾松相當了解這封公開招降書所具有的意義，這考驗了他自己乃至其他所有猶太啟蒙主義者的立場。拉瓦特的招降書突破了三者之間的分界線，也就是孟德爾松和信仰弟兄們受到歧視、壓迫的國家法政領域，被基督徒和猶太人之間彼此敵視所壓抑的神學領域，以及學者新的受到保護的領域（在此，宗教寬容和社會平權佔有優勢）。不過，令孟德爾松更感到憤怒的是，拉瓦特辜負了孟德爾松對他的信任：

> 在我家裡的幾位尊貴人士，他們出於善意而讓我得到保證，且得以謹慎地避免說明的情況下，各位很容易注意到的是，我非常不願意公開自己的情感。還有，在要求我不可傲慢不恭的聲音出現時，我便陷入尷尬的境地。您清楚我的

志趣，到底是什麼促使您違反我志趣地將我領到公開的，也是我一直希望不要踏上的戰地？

在孟德爾松身為哲學家的十五年成功生涯裡，他順利維護了自己身為啟蒙運動知名哲學家的公領域，和身為猶太人、一家之主、社群及會堂成員私領域之間的分界。如今，拉瓦特具攻擊性而令人為難的招降書，也使他的猶太身分成為一樁公開事件。

孟德爾松苦思如何回應有二個半月之久。他是要在個人較量中瓦解拉瓦特救世和宣教的推動力，還是跨入「公開戰地」，反駁波涅的論證？後者在他看來並非太難的任務。早在第一篇札記當中，他就提出了，為何猶太教非得優於基督教不可的問題。下面是在他激動時所寫下的，尖銳、犀利的句子之一。這句子批判了由基督徒所領導的迫害：

當然，這一小撮受到歧視和驅逐的人仍然存在著。祝福那位人類之友的骨灰吧。他是第一個說，神把我們保存成自然宗教奇蹟的，可以以肉眼親見證據的神學家。要是少了這個奇思妙想，用人的說法，我們大概早就被消滅了。

在這期間，孟德爾松又獲得一項殊榮，以及一項在基督教界意義非凡的公開認同。一位王室成員，布朗書懷格（Braunschweig）侯國王儲斐迪南（Karl Wilhelm Ferdinand），成為他的讚揚者。這位腓特烈二世的姪子，七年戰爭的名將，愛好學問和教養。一七六九年他訪問柏林，並邀請孟德爾松參加王宮中的一場會談。柏林一家報社報導了這次事件，新聞在學者通信網路之間流傳，引起驚訝處處。報導指出，王儲對這位猶太學者如何地印象深刻，並打算跟他維持密切的交往。孟德爾松從這次邀請得出結論，那就是，拉瓦特並沒有嚴重損壞到他的地位，所以他可以深思熟慮地答覆這封招降書。

孟德爾松在這種氣氛中開始反守為攻。他決定用一封公開信來回覆拉瓦特，將一切他所遭受的不義公諸大眾。一七六九年十二月十二日，孟德爾松寫好他〈致蘇黎世拉瓦特執事先生的信〉（Schreiben an den Herrn Diaconus Lavater zu Zürich）。這是一篇引起極大注意的短論文，是截至當時他最重要的著述之一。這篇文章儘管有其個人背景，卻還是成了一位啟蒙運動哲學家的宣言，呼籲捍衛宗教寬容。前面提過，對孟德爾松而言，這個在歐洲啟蒙運動中具有核心意義的主題，早在一七五四年，他公開反駁米歇里斯的文章中，就已據有存亡的價值，當時卻取決於他個人的地位以及整個猶太人的命運。在他看來，拉瓦特事件更加突顯宗教寬容的意義和價值。孟德爾松的策略很簡單，也被輿論所積極接受。如果不直接回覆這封招降書的話，顯然只剩兩個辦法，不是反駁波涅的論證，就是皈依基督教。孟德爾松解釋了，為什麼一場宗教論戰本身會違背啟蒙運動的價值，所以拉瓦特的招降書是一件不義而無視友誼的事件。

〈致拉瓦特執事先生的信〉的主旨是，這場宗教論爭完全是片面的，因為猶太教不同於基督教，沒有排他性，不力促人皈依，是非宣教式的宗教。由上帝在西奈山上賜頒給猶太人的妥拉，僅僅要求猶太人本身遵守律法。拉比們不會勸人改宗，而對於任何想皈依猶太教的人，拉比只解釋那些關乎持守誡律、禁令，以及融入一個受到屈辱、打壓的民族的難題而已。再者，孟德爾松寫道，猶太教也不是拯救靈魂並進入來世的唯一道路。基督徒主張，在教會之外沒有拯救，猶太教卻相信，任何持守諾亞七誡的人（其中包括棄絕偶像崇拜、亂倫、搶奪和殺人，也就是任何能思考者會自行承認為人類共通道德規範的誡律），都可以進入來世。「根據這種自然和理性宗教的律法來調適自己生活變化的人，會被稱為『來自其他民族的有德者』，這種人才是永福之子。」

在這種核心思想之下，孟德爾松以拉比和塔穆德為憑依，以恩登拉比的言論為支助，更特別引用麥蒙尼德的說法。不過，他卻摒棄了出於依從上帝而遵守諾亞七誡的非猶太人（如此一來他才能在各民族裡擁有義人的稱號，並得到來世的恩寵），和把七誡承認為單純自然律者（那麼他便有了受到救贖的資格）之間的區別。

孟德爾松在此首度表達自己的觀點，各大宗教在自然宗教中都擁有共通的，無需神啟和聖書的基礎。猶太教是最寬容的宗教，因為它並不墨守獨一性和優越性，正因如此，才近似於自然宗教。依據孟德爾松的見解，在專有性和普世性之間的張力，在人之所以為人，以及各民族宗教裡，多元文化與相異之處的張力，唯獨在猶太教裡得以消除。猶太教有幾個不同於其他宗教的特徵，卻也承認所有一神論宗教在哲學和歷史上的合法性，並在啟蒙運動文化中擁有一個榮譽地位。基督徒以宣教的熱忱嘲弄猶太律法，否定了人道，也違反了理性。孟德爾松向拉瓦特解釋：

> 假如孔子或是梭隆（Solon，希臘哲人、政治家）生活在我們當代人之間，根據我宗教的原則，我大可以敬愛、仰慕這位偉人，而不會有讓孔子或梭隆改宗的可笑念頭。改宗？目的何在？既然他不屬於雅各的子孫，就無關乎我的宗教律

法；至於教訓，我們倒是可以彼此了解。我難道會以為，他可以受到祝福？我揣想啊，凡是在此生把人們引導至道德的人，來生就不會受到詛咒。

促成《斐多》作者世界性聲望的自然宗教，其普世和人道的世界觀，如今被孟德爾松呈現為猶太教的根本態度。正如孟德爾松若干私人信件，〈致拉瓦特執事先生的信〉有著許多顯露他困頓和失望的個人表述，這些也都隱含在他的哲學著作中。種種含忍的話語只能吃力地隱藏在一個猶太人的心靈深處，也正是這種與眾不同令他深受傷害。孟德爾松甚至在這次論爭中表達了他身為猶太人的弱點，一種他從一開始就屈居劣勢的自覺。所以這場較量只是表面上具有理論和學術性質，實際上卻是動搖到他的生存。孟德爾松對拉瓦特，也間接對所有密切注意這場爭辯的啟蒙主義者解釋道：

檢驗自身言行的義務，是我很早就體認到的。我從年少開始，就把不工作和休息的時間投入世俗智慧和美好學術的研究，正是要讓我準備面對如此重大的考驗。除此之外，我想不出其他的理由。

他接著表示，「在我的處境中，不能從學問研究裡期待有足以賺取生活的時間。」孟德爾松暗示自己受到限制，無法以學術協會成員或公務員的工作負擔生計。那麼和啟蒙運動人文理想的哲學知識有關的趣味和滿足又如何呢？對此，孟德爾松寫道：

> 趣味？噢，我珍貴的人類之友啊！我那些信仰弟兄在市民生活中的情況，和自由運用精神力量的理想相差甚遠，以至於在體認人權的真實面時，無法增添這種滿足。

孟德爾松指出，啟蒙運動所宣揚「人權」的口號以及當時的社會歧視，這兩者之間鴻溝的認知，對開明的猶太人而言卻是不悅多於趣味。他非常了解，猶太身分多麼受到屈辱，然而他並不想在爭論的框架裡捍衛他們的名譽。即使他認為自己在他基督教同胞身上發現到「民族偏見和錯誤的宗教見解」，他仍然強迫自己靜默。為了不至於顯得自私和自以為是，他不願對他和信仰弟兄提供保護與宗教自由的群體提出異議。孟德爾松在這樣的處境下產生複雜的感受，他以痛苦和椎心的控訴，反對踐踏猶太人自然權的不義：

我是受壓迫民族的一員。這民族不得不從統治民族的善意中懇求保護和庇蔭，而處處受到某些限制。其他每個人類之子都會得到施捨的自由，我的信仰弟兄卻樂於放棄，並在受到容忍和保護時已感到滿足。面對在可以忍受的條件下而接納他們的國家，他們不需要有哪怕只是些許善舉的期待，因為在其他國家就連逗留也不容許。根據您故鄉城市的法規，我這位行過割禮的朋友不就連到蘇黎士來探訪您都不被允許嗎？所以，對於以普世博愛來包容他們，讓他們無礙地照著祖先的方式敬拜上帝的統治國家，我的信仰弟兄難道不該充滿感激嗎？他們在我所生活的國家裡，享受最恰當的自由。他們的成員可以放心地爭論統治者的宗教，也就是說，從旁襲擊他們的保護者。有道德的人（譯按：指普魯士統治者。此處有嘲諷的意味。）不就是最容易受傷害的嗎？

考慮到這種特殊情況，即普魯士國家在提供猶太臣民脆弱保護的同時也加以壓迫，孟德爾松在措辭上似乎小心翼翼。然而，為了不致造成「他想藉由〈致拉瓦特執事先生的信〉來逃避對方對他改宗的要求」這種印象，孟德爾松也說明了他對猶太信仰不可動搖的忠誠，儘管該信仰也無法「免於有害的人為法令」，以及在他身上出現的，即使身為真理追求者也難以去除的「一點虛偽和迷信」。

> 不過，就我宗教的本質而言，我仍然確信，不容辯駁地確信，好比您或波涅先生向來對自己的宗教所抱持的態度那般。對此，我在真理之神、您的和我的造物主和守護者（也就是您在信中所憑藉而向我請求的神）面前作證，只要我整個靈魂還沒有採納另一種性質，我都會持守自己的原則。從我對您和您朋友表示，我對您宗教保持距離以來，這距離一直都不曾減少過。

孟德爾松補充道，他有幸跟若干非猶太人結交朋友。對他而言，真正的基督徒朋友是那些容許他在學者圈中得到位子，並能夠一方面在宗教和信仰，另方面在啟蒙主義價值觀之間有所分界的人。說到他們時，孟德爾松寫道：「我們真誠相愛，雖然我們也同時猜測並假設在信仰方面會有截然不同的見解。」

在已啟蒙朋友的圈子裡，沒有人會想到要讓別人脫離自己的宗教。跟拉瓦特一樣認為，波涅對基督教有利的證明是無從辯駁的人，就是太高估其重要性而不能跳脫自己的信條。孟德爾松在〈致拉瓦特執事先生的信〉結尾一則相對諷刺的按語中寫道：「有關偏見和教育的強大力量，甚至有關這種以正直的心追求真理的人，我們當中的一位確實是個值得注意的例子。」孟德爾松認為，當啟蒙運動的標準受到實際考驗時，拉瓦特確實是失敗了。他寫道：「所以誰要是認為，除了自己的教會就再也找不到神祐的話，心中一定常有嘆息。」他的言下之意似乎是，拉瓦特離開了啟蒙運動的陣營，加入了宗教狂熱者、褊狹的教條主義者，以及充滿受壓迫妄想而背叛朋友的，仇恨人類者的陣營。

拉瓦特迫使孟德爾松捲入的這場辯論，擴大成一樁事件，轟動輿論界兩年多之久。在德語區的學者和文人圈中，幾乎無人不曾好奇地讀過在這事件中所寫的一切文字，也無人不曾被自己的同僚詢問過對這事情的看法。一七七零年初，拉瓦特和孟德爾松文章的新版本問世，小冊子出版，文章在期刊發表，人們在綿密的通信網絡中交換意見。雷辛、尼可萊、米歇里斯、赫爾德、哈曼（Johann Georg Hamann）和其他哲學家都表達了自己的立場。

意見卻完全不一致，大眾對猶太教和基督教問題的討論，也使得基督教狂熱者察覺到有利的情勢。不過，孟德爾松卻可以從輿論的反應大致上感到滿意。多數人同意，拉瓦特的步調急躁、魯莽、不得體且具傷害性；孟德爾松的回覆則被看成合乎尊嚴而值得敬重。孟德爾松寫道，至於所寫的書竟成了論爭起因的波涅（題獻是在沒有知會孟德爾松的情況下出現）則和拉瓦特這樁公開事件保持距離。此外，波涅還特地表明，自己並不是因為反對猶太人而寫。孟德爾松馬上回覆他說：

> 要是所有人都能接受並實踐最佳基督徒和最佳猶太人所共有的真理，我們會生活在多麼幸福的世界中啊。

不過，孟德爾松還是繼續處於守勢。就連他的朋友和贊同者也對他施加禮貌性的壓力，並表示，儘管如此，他或許不只是想解釋，為何有關宗教的討論在他看來是無用的，而且也想公開澄清，為何他跟基督教有所矛盾。其中一位就是布朗書懷格的斐迪南王儲。一七七零年一月二日，他在閱畢〈致拉瓦特執事先生的信〉之後，發了一封短信給孟德爾松，迫切籲求他公開自己的觀點。

> 對我們信仰最重要的事情，莫過於說明，一位生活在摩西律法中的哲學家，如

何提出摩西在歷史上的證據，而使我們能一致同意他，以及，如何同時規避基督教信仰所據以建立的歷史證據。

承蒙王儲所付出友誼並銘感在柏林王宮得到殊遇的孟德爾松發覺，整件事情牽涉到一位必須為他打破沉默的人士。孟德爾松在回信中請求別將他的話公開，接著才向王儲坦白，他對基督教真正的想法。他表示，基督教的上帝觀，尤其是對三位一體和神化身成人的信仰，違反理性，所以他無法接受。他寫道：

我所知道的幾句話，在我看來似乎直接違反了人類的基本認知，我無法把這些話，跟理性和對上帝本質及其特性的思索所教導我的加以融合，所以不得不拒絕。

就連把耶穌降到人的位階，並把他看成先知和神的信使的「經過改善了的」改革派基督教，在孟德爾松加以正面評價之前，還是得滿足他若干要求，亦即，基督教應該放棄作為真正宗教的排他性（一種只有基督教才能賜福的神啟，不可能是真實的），放棄相信地獄的永罰、原罪、魔鬼和惡靈，並看清事實，耶穌並不想廢除摩西律法，也不想解除其虔誠信徒實踐律法的義務。唯有在這些實際上意味著放棄基督教主要信條的條件下，「才能得到使基督徒和猶太人同等參與的宗教。」

孟德爾松針對布朗書懷格王儲問題的答覆，正如對所謂舊約中含有對基督教真理的證明所抱持的態度，他要費一番工夫才能掩藏自己的嘲弄。根據他所說，那些充當基督教真理證明，以及彷彿宣佈這些證明早在耶穌時代之前就出現在世上的章節，都是惡意損壞原意或誤導的說法。孟德爾松表示懷疑，「如果全人類的永福取決於一本難以想像時代之前書中晦澀章節的論證，而那書是以一種陌生的，如今已經佚失的語言為亞洲某一民族所寫，那麼人的命運該是多麼難以言喻地痛苦啊！」然而就在這一點上，孟德爾松察覺，內心真理的表露可能導致他跟王儲之間關係的破裂，於是他寫道：

最尊貴的王儲陛下！恐怕我的筆鋒已經過於放肆，要是不巧因為太過率性而得罪了尊貴的陛下，我會萬分難過。我惶恐地就此停止，並以最磨人的急切等候自己的命運。

他以請求作為結束，「請毀掉這封信，以免落入某人手上而遭到濫用，或是為了自己的地位而刻意藉此引發爭端。」這項表白，無疑地，足以意味是對拉瓦特事件火上加油。從身為啟蒙運動圈公認的哲學家孟德爾松的話中突顯出，基督教令他嫌惡；他把基督教看成是錯謬而誤導人的宗教，並認為，它和理性相矛盾，所以也和啟蒙運動相矛盾。然而王儲不同於拉瓦特，他尊重友誼原則，也因此當時的公眾並不知道，這位「德國蘇格拉底」對基督教真正的看法。

一月份的那些日子裡，私下的個人信件往返繼續在拉瓦特事件邊緣進行著。拉瓦特所努力推廣的千年王國觀，不僅把猶太人皈依基督教當成目標，更以實現千年王國乃至返回聖地作為先決條件。一位在歐洲不同皇室服務的德國政治家李納爾伯爵（Graf Rochus Friedrich zu Lynar），以匿名方式求教於孟德爾松，請他就「在聖地建立猶太人國家」表達看法。

孟德爾松對這位「有地位者」的答覆是否定的。既然可以期待的猶太人改宗是如此稀少，那麼回歸他們先人土地也就是不切實際且難以設想的。孟德爾松寫道，要實現「一項如此大膽的事業」，其阻礙並不只在於施行上，例如龐大的經濟成本，以及面對歐洲強權制度內部政治上的困難；更在於，猶太民族欠缺對這種民族事業的集體意志力。雖然社會壓迫讓他一生都感到痛苦，也努力建立一個寬待猶太人，容許他們有尊嚴生活的市民社會，不過，一場處理猶太人大離散問題的民族復興行動，在十八世紀後半是全然無法想像的。孟德爾松認為，最大困難在於，猶太「民族」大離散狀態的本身：

他們並沒有充分準備好去承擔某項大事業。數百年來存在於我們生活中的壓力，耗盡我們精神所有的活力。這不是我們的過錯。但我們並不能否認，我們身上追求自由的天生慾望已經喪失。這欲望已經變成僧侶道德，只在祈禱和受苦中表現出來，卻沒有實際作用。

孟德爾松指出，他畢竟不是解決實際問題的適當人選。他的公眾名聲，以及他所捲入的，迫使他成為猶太教代言人的猶太、基督兩教辯論，都逐漸賦予他猶太護民官的形象。不過，他卻努力表明自己的能力，以及可能有哪些作為的界線，一道呈現在他所鍾愛的哲學思考之外的界線。孟德爾松在他寫給李納爾伯爵的信中解釋道：「要是我精神上能多少擁有幾分勇猛的話，就只會展現在純理論的事情上。我在實務方面向來都只侷限在極為狹隘的範圍內，無法獲得那些做大事的技能，以便不需要面對令人厭惡的困難。」孟德爾松因著和拉瓦特的糾葛所帶來的疲憊，及其在輿論界令人矚目的地位，也在一封給布拉格社群年輕家教列維（Avigdor Levi）的信中表露出來。孟德爾松告訴他，自己在事件一開始便暴露在莫大的煩擾之中。

尤其自從掉進跟某位基督教神職人員討論的陷阱以來，我所非常擔心的事情，果然發生了。看啊，有生之年，我都在提防有關宗教的任何討論和自以為是。如同我們多次所見，不同宗教信徒的爭論和研討，都是不必要的……誰能反駁他們而毫髮無傷呢？看啊，在我開始談論並回答那位急切者的言辭之後，屬於該信仰所有的人及其贊同者，全都衝著我而來。有的人怒氣沖沖，也有的人言辭溫和、美好而流利。有人發火，也有人笑著，這是他們的習慣。後來他們更以言談和空想來攪擾我。然而我信靠上帝，我的守護者。祂把我武裝起來，為祂戰鬥，讓我領會我該說些甚麼。我也知道，我是不會感到慚愧的。

孟德爾松在寫給列維這封信時的痛苦心情，來自事發過程的那些日子裡所發表最尖銳的反猶文章之一。法蘭克福法學家柯勃勒（Johann Balthasar Kölbele）在文章裡不只攻擊了〈致拉瓦特執事先生的信〉，也攻擊了全體猶太人。他強調，孟德爾松是個異端，也可能在他現代的外衣之下，藏著傳統拉比破爛的長袍。柯勃勒因粗魯、傷人的言辭而受到各方的指責。孟德爾松卻逐漸明白，他自己正處在一場有心人準備大舉攻擊猶太教的引爆點上。

在這期間，拉瓦特寫信向孟德爾松請求原諒，同時準備對〈致拉瓦特執事先生的信〉做出回覆，試著修補受損的友誼。發表於一七七零年四月，與孟德爾松〈回憶〉（Nacherinnerung）同時刊登的〈對柏林孟德爾松先生的回覆〉（Antwort an den Herrn Moses Mendelssohn zu Berlin），多少降緩了激烈的情緒。在此，拉瓦特公開請求原諒，並追悔他那封招降書所犯的過錯。拉瓦特寫道：

> 所以我撤銷自己不夠合理的迫切要求，誠懇地在公眾面前請求您，寬恕我那過於逼促且有錯誤的信件。

不過，拉瓦特並沒有離開他期待猶太人改宗的本意，且繼續追問孟德爾松，身為哲學家的他，如何處置對基督教真理而言具關鍵性的證明。他認為，自己的做法或許太過大膽失禮，卻依舊不能明白，孟德爾松要以甚麼論點繼續捍衛猶太教。拉瓦特在向孟德爾松表達後悔自己的請求方式之後，卻又悖理地拋開猶豫，坦露自己服務基督教並加以宣揚的最主要關注點，並讓包括孟德爾松在內的所有友人更接近真理和幸福。他寫道，雖然孟德爾松覆文中有若干段落軟化了他的心，令他感動流淚，卻仍然能夠想像自己心願的實現：「願上帝祝福你成為基督徒！」拉瓦特有這樣的結語：

> 我不僅再度持有崇敬和仰慕之情，更懷抱您或許以為徒勞無謂，在我則是確切而欣喜的信心來下結論。即使不是現在，您將來也會出現在以雅各為共同祖先而喜樂的敬拜者當中。我的主和導師，耶穌基督，永受讚美，阿們！

孟德爾松在他的〈回憶〉一文中，較是忽略了拉瓦特直率的宣教傾向，而以和解的語氣來結束這場公開論爭。他大大誇獎拉瓦特的人格特質，並強調，自己不曾覺得受到冒犯，並為了他對宗教間辯論的厭惡如今竟得到了解而表示謝意。他以自己的見解為這場研討做補充（後來更發展成《耶路撒冷》（Jerusalem）一書），認為猶太教並不把行使奇蹟看成是宗教真理的證明。猶太教的依據是在持守誡律，並以上帝降示的律法為準繩。

孟德爾松的〈回憶〉中有一段文字專門批評法學家柯勃勒。他嫌惡地反駁柯勃勒對猶太教扭曲的觀點，該觀點大概是柯勃勒摘自艾森孟格（Johann Andreas Eisenmenger）素有惡名的《被發覺了的猶太教》（Entdecktes Judentum, 1700）一書。儘管如此，孟德爾松必定樂見這場論辯的結果，尤其希望這項令人不快的負面作為至此結束。「所以我只是很樂見，L先生對就此結束這場公開的書信往返感到滿意。」孟德爾松在眾目睽睽之下感到不自在。他認為，這種對話不該在大庭廣眾下進行：

> 我們為何讓大眾也成為這種討論的見證者呢？經由公諸大眾而讓無所事事的人消磨時間，讓軟弱者發怒，讓厭棄真與善者有機會獲得含有惡意的娛樂，這對L先生與我都不合適。

根據孟德爾松的說法，從今以後，他要避開種種爭端，不再回應任何一方的攻擊、要求和反駁，最起碼「直到我認為，我的時間不能有更好的運用了」。與其恢復跟拉瓦特之間的友好關係，他寧可儘快熄滅這場大火，把這議題撤離檯面，擺脫公眾的注意。有鑑於拉瓦特的宣教熱忱，孟德爾松拋開所有幻想，而且，由柯勃勒所鼓動而採取敵對態度的基督徒言論，只會加深他內心的困頓，他擔憂這件事會擴大，而變成具有鮮明的反猶性質。他在前述的回憶一文中寫道：「在我公事之餘少許的休息時間裡，我寧可忘卻種種讓人成為公敵的分裂和衝突，而努力把前些日子所遭遇的經歷，從自己的記憶中抹除。」

如同在其他的情況之下，孟德爾松現在只能在思考和哲學中體驗全然的自由。至於外界，他明白自己行動的可能性受到侷限，也知道，他非常不適合捲入這種公開的征戰。早在辯論發生前三年，也就是《斐多》使孟德爾松受到各方讚譽之前，他曾經打算離開柏林和紡織廠的工作，加入一個小型猶太社群，遠離公眾，鑽研科學和哲學。在他一七七零年十月一日寫給尼可萊一封私人信件中，談到了自己必須持續進行的鬥爭。他在希望退守在學者的小房間，和不得不在其他活動投入莫大心力之間來回掙扎。他為自己不夠果斷、堅毅而苦惱：

> 我對自己過往的人生有所疑慮，發現自己可能做得不妥當，至少在別再犧牲自己對科學的愛好上遲疑不決。果斷啊果斷，這是我向來欠缺的。

孟德爾松在像是米歇里斯（先前是對手，現在則是熱情的擁護者）贊同他的回覆，以及家人的懷抱裡找到安慰。一七七零年八月出生的兒子約瑟夫，是孟德爾松第一個能長至成年的兒子。兩個月後又出現值得高興的事。布朗書懷格王儲邀他接續在柏林開啟，並通過信件所進行的對話。一七七零年十月，孟德爾松第一次離開居住了九年的柏林，短期訪問布朗書懷格。他受到王儲和公爵夫人（腓特烈二世的一位姊妹）備極殊榮的接待，且在他們的陪同下度過許多時光。出訪期間，因為探視了多年好友雷辛而更加愉快。雷辛當時在渥爾芬比特爾（Wolfenbüttel）的奧古斯都（August）公爵圖書館擔任御用館員。他和雷辛見面、談話，並參訪典藏豐富的圖書館。

孟德爾松在十一月初歸來之後，向友人們敘述在參見學識豐富、抱持寬容且贊同啟蒙運動的王儲時的莫大喜悅。不過，在他寫給當時住萊比錫，密切注意拉瓦特事件的親戚赫爾茲（Elkan Herz）的一封信中，壓抑的怒火卻再度顯露。孟德爾松未向公眾流露的犀利言辭，有違他給人想把這場辯論拋諸腦後的印象。在一七七零年代，猶太公眾還沒有表達意見的論壇。儘管如此，猶太人勸告孟德爾松的聲音逐漸增大，要他停止辯論，以免促發反猶情緒。「您問，我為什麼投入爭論？」給赫爾茲的這封信，有著在他專給公眾閱讀的反應文字中少有的鬥爭語氣。「我是想，自己應該多一點參與。」他絕不後悔，也不在意任何中傷他的文字，而且更會貫徹下去。

顯然地，他只有在討論的壓力下才會退縮。也可從這封信看出，無論如何，雖然他只在給布朗書懷格王儲的信中坦露對基督教的批評，卻樂於熱烈地向猶太大眾宣揚，「有些人以為必須完全保持靜默，我不認為如此」。他更寫給赫爾茲，「所以我完全不能理解，何以我們的一些族人不斷叫嚷著，看在老天的份上，我應該不再寫這種文章。」受傷、憤怒又失望的孟德爾松，意識到自己被綁住雙手。由於顧慮和責任感，他準備收手，並說明，在他看來，這場辯論已經結束。「上帝明白，我不情願退出爭論，收回自己對抗眾意的意志。要是別人問起，我是會給出全然不同答案的。」

儘管孟德爾松原先要給拉瓦特致命的打擊，如今卻只想結束這場公開論戰。但令他鬱鬱寡歡的是，這事並未那麼快被遺忘。到了一七七一年一月，他仍然被迫繼續跟拉瓦特通信，並反駁匿名發表有關猶太人輕視耶穌的指控。他再次表達心願，希望兩教的有識之士跳脫神職人員抱持成見的視野，結束迫害和宗教仇恨。

一七七一年二月初，孟德爾松經驗到另一件讓他失望的事情。皇家科學院以十八世紀普魯士學者所能期待的最高榮譽表揚他，院士們推選他成為哲學院正規成員。這樣的提名，在當時世上只有過一個前例，那就是西歐系猶太學者柯斯塔（Emanuel Mendez da Costa）在倫敦被選入英國皇家學院。孟德爾松在柏林獲選，相當於官方確認他在學術階層的地位。院長蘇爾策在一封公函中告訴孟德爾松這項決定，並請他諒解，目前這個任命並沒有提供酬勞。孟德爾松的友人們已寫信祝賀，他自己也開始抱持希望，來日獲選有給職的院士，以卸下餬口工作的重軛。

然而腓特烈二世並不樂見，猶太人孟德爾松成為普魯士學者精英正式的一員。學院這種決定所需的國王批示，直到一七七一年九月學院更新有關孟德爾松的決定之後也還沒下來。繼拉瓦特的背信，隨後的反猶文章刊行，以及神職人員宣教的怒火之後，國王另有異議的保持緘默，設定了一條不容孟德爾松跨越的界線。對於不能成為院士的失望之情，加強了孟德爾松內心對社會歧視的體驗。不過他試著安慰自己和友人，院士們肯定他的決定比國王的否決重要得多。

在焦急等待國王批示的幾星期裡，孟德爾松因心律不整而病倒。他知性創作和頻繁公開活動的原動力，被一場中風中斷了一年多。在一七七一年三月首次發病的晚上，孟德爾松醒來，一時感到動彈不得和呼吸困難。此後，只要有任何勞心、勞力的活動，病症就會復發。十八世紀的醫學對心臟病的這些症狀仍無法確切歸類。孟德爾松的猶太醫師布洛赫（是位名醫，也是「柏林自然研究之友社（Gesellschaft naturforschender Freunde in Berlin）」成員）診斷出他腦中有血栓，且歸因於精神緊繃。另一位名醫，漢諾威的御醫齊默曼（Johann Georg Zimmermann）更確認了這一診斷。為了讓血流變慢並避免任何激動和勞累，兩位醫師都同意進行一系列較激烈的治療，也就是芥末繃帶、醫蛭吸血、放血、浴療和嚴格的飲食控制。他們禁止孟德爾松身體的享樂、菸酒，以及他最喜愛的飲料，咖啡。

對孟德爾松身體的治療，似乎更使他虛弱而情緒低落。更嚴重的是，醫師們規定他完全停止智性工作，像是談話、閱讀和寫作等都會刺激體內循環。所以從一七七一年三月到一七七二年夏天，孟德爾松有一年半之久很少有社交活動。他幾乎足不出戶，一連數個月遠離工廠業務，在家裡也只接待少數幾位訪客。他幾乎不閱讀或研究，很少寫信（以前他每年都寫數十封信，休養期間只有二十封左右），從眾多朋友圈退出。他把大部分時間留給治療、飲食控制和家人。

這期間他的家庭人數沒有增加，從約瑟夫到顏忒出生經過了五年。他最為難的就是脫離學者圈。嚴格的飲食控制和對哲學的飢渴壓抑了他的情緒。他身體的虛弱，讓他數個月都上不了家中三樓的工作室。有一次，弗洛梅扶他登上工作室。一到上面，他震驚且全身顫抖地發現，寫字桌凌亂，空出的椅子和書架在這期間竟被弗洛梅擺滿了果醬瓶罐！他覺得自己像個活死人，一個只剩精神來探看生前用過而現已廢棄工作室的死者。

但就算在嚴重、晦暗的幾個月裡，也就是他心情跌到谷底，一勞動就會暈眩，也幾乎無法閱讀、接受正式邀請和注意學界事件的期間，他的社會地位並未受影響。一七七一年四月，孟德爾松充滿期待和憂慮地寫給米歇里斯：「我希望自己不致於被永遠禁絕享受人生。」柏林猶太社群理事會的領導者們決定，除了先前已有的免稅優惠之外，還推選他入理事會，增添了他的榮譽。這是孟德爾松在社群中擁有特殊地位最強有力的表徵。雖然他並不符合理事領導工作的正式要求，且選舉他也違反了社群章程，但理事會在聖曆五五三一年逾越節週（一七七一年四月一日）會議中決定，對於像他這種卓越且重要的人物，規定可以失效。由於孟德爾松的病情，這次選舉並沒有落實，到了八零年代，在他復原且學會控制病情之後，柏林社群行政部門委任他若干重要任務。

大約半年之後，孟德爾松更得到王室的表揚。他受邀到腓特烈二世富麗堂皇的無憂宮（Sanssouci）。這座夏宮本身及其藝術品和花園都是洛可可風格的精心傑作。這座由國王親自設計的宮殿，據說體現了普魯士君主的開明特徵，而掩蓋了嚴格的官僚和軍事印記。薩克森大臣弗瑞奇（Thomas Freiherr von Fritsch）當時也受邀到宮裡作客。他跟布朗書懷格王儲一樣，想和孟德爾松這位知名的哲學家見面。為了讓弗瑞奇免從波茨坦搭車到柏林，國王提議，讓孟德爾松到無憂宮來。在官方匆促的邀請下，他們要孟德爾松在一七七一年九月三十日星期一早上十一點抵達宮殿。這次邀請具有象徵意義，腓特烈二世把讓孟德爾松通過宮殿正門，看成是對這位猶太哲學家最高的禮敬。

會晤的消息在文書通訊網中傳開。這時孟德爾松的友人們想知道，他會不會見到國王。柏林畫家喬多維奇（Daniel Chodowiecki）以一幅鉛筆畫抓住孟德爾松通過在波茨坦柏林門的情景：一位矮小的猶太人把邀請函遞交給一位脫帽致敬的高大普魯士軍人。

這次邀請曾讓孟德爾松感到為難，因為宮廷謁見剛好是聖曆五五三二年住棚節（Shemini Atzeret）的第八天。柏林社群召開了一場連拉比也列席的緊急會議。會中決議，國王的意旨不得違抗，所以儘管有持守節期的規定，孟德爾松還是可以搭上往波茨坦的郵車。不過他得徒步穿過城門，並以同樣方式離開。雖然孟德爾松和薩克森大臣會面，但那位同年內沒有核可他入選科學院的腓特烈，卻沒有和自己王國中最知名的猶太人談話。孟德爾松再次看到，他雖然可以走近普魯士那道牆，卻仍舊不能跨越。

從拉瓦特事件到無憂宮謁見這兩年，是孟德爾松生平最難過的時期。他的好友們擔心地密切注意他的病程。不少人認為，這病是拉瓦特引發的公開事件所造成他精神困頓的直接結果。但是更可以認為，他在年屆四十之後開始遭受的健康問題，就在輿論壓力下更加惡化。他的精神陷入雙重困境，一方面是介於他對學界朋友的期待、拉瓦特事件中孤立和失望的感受，以及獲選院士事件三者之間令人沮喪的張力關係；另方面則是他獲得名聲後開始付出的個人代價。這個在自家三樓工作室孤獨自由地從事理論思辯，大量發表評論，並為靈魂不朽寫出精彩證明的哲學家，如今感到迫切要完成一項重大任務，那就是，隨時隨地為猶太教挺身抗拒基督教。

・孟德爾松在波茨坦的柏林門。羅為（Johann Michael Siegfried Lowe）臨摹喬多維奇鉛筆畫的銅版畫（1792年）

此外，他必須意識到，這位對宗教抱持懷疑的國王並未擺脫成見，也冷淡對待孟德爾松的成就與名聲，且意圖加以侷限，就連基督教哲學家也害怕他在公眾心目中所達到的地位。所以，像是漢堡的牧師戈則（Johann Melchior Goeze）便在一篇自行發表的講道中警告，孟德爾松的出現對基督教所產生的威脅：

儘管他有聰明才智，卻是個猶太人。他所發表的說明也充分顯示，他心中是如何想著反對耶穌及其教誨。基督徒、學者以及神學家對他的誇張讚美和阿諛，必定有損我救主的榮耀，也不再有真正基督徒反對猶太人的態勢。這些都讓本來就驕傲的猶太民族更加驕傲，也是我方給予他們神啟的憤怒以及令他們皈依時的強大阻礙。

孟德爾松在生病和受傷害這兩年當中，公開和私下所遭受的困境強化了他的信念，那就是，宣揚宗教寬容的價值，並儘可能介紹給許多當代人知道。這一啟蒙運動的宗旨，必須堅毅不斷地嘗試推廣。

06

美夢和噩夢，為宗教寬容而戰

一七七二年中期，當孟德爾松為了立即下葬的誡律跟拉比精英當中一位卓越的代表發生爭論時，啟蒙運動的價值觀便首度在猶太人內部受到考驗。到了十八世紀後半，除了一般對死亡的恐懼，更增加了由科學所證實的各種顧慮。醫師和研究者發表鑑定書，不能再把呼吸和脈搏停止視為死亡確鑿的徵象。若干驚人的實例是，昏迷的人被宣告死亡，遭到活埋；他們的呼喊和敲擊卻礙於密閉的棺蓋而讓人聽不到！

梅克倫堡—施威林（Mecklenburg-Schwerin）公國的腓特烈公爵（Herzog Friedrich）根據比措鎮（Bützow）提赫森（Oluf Gerhard Tychsen）教授的鑑定，頒布特別法令。提赫森強調，猶太喪葬儀式中，對於儘快埋葬的規定，導致埋葬到表面上死亡者的例子並不稀少。就歷史觀之，這是影響深遠的一步，也就是，第一次有國家決定根據科學新知，干預猶太人生活習慣，要求他們進行改革，適應已啟蒙國家的法令。猶太人死亡當天就得埋葬的既定習俗，被學者提赫森和執政者腓特烈宣佈為可能危害生命，且不人道。一七七二年四月三十日在公爵的一項法令中，要求梅克倫堡—施威林的猶太人把他們的死者停放三天，也就是除去種種疑慮並充分確認死亡後才安葬。

公國內的猶太社群長老們感到難堪，決定採取不遵守該公告的措施，因為這法令要求廢除他們行之數百年的宗教習俗。他們緊急發了一封信給柏林的孟德爾松，請他立刻斡旋。他們認為，在這場已啟蒙國家和自治社群之間的較量，孟德爾松理所當然地扮演了現代代言人的角色，可以利用他的聲望、社會地位和對歐洲文化的學識，為猶太人向有關當局對他們必須改變入葬習俗的規定，提出異議。

在這封由施威林猶太社群長老所簽發的信中，有著如此氣憤的話語：「神的民族竟然必須響應基督徒的法令。」值此艱難時刻，他們尋求孟德爾松的支援。他們以為，孟德爾松也會想保存猶太人傳統生活方式及其古老習俗。不過，孟德爾松的答覆卻彼此矛盾。當時他大概已經接受基督、猶太兩方公眾考驗他、讀他的文章，以及賦予他輿論領袖功能的事實。然而，他卻意識到被託付為德國猶太代言人的責任重擔。他覺得有義務幫助公國的猶太人，寄給他們一份請願書綱要，文中請求公爵修改他的新法令，對三天期限之前貼切的醫師診斷證明也能通融。他寫道，很難想像，在猶太人對存活仍有疑慮的情況下，會把人埋了。他表示，公爵無例可循的措施，不僅質疑了猶太人的理性和道德，更限制了他們按照自己宗教律法生活的自由。

即使出自經文的權威顯得不完全具有證明力而足以勝過所有的異議，且儘管根據目前的宗教律法，我們必須完全服從拉比的規定，身為猶太人的我們，確實要依據拉比的規約來生活，遵循他們的法令和規範來端正我們所有的行為。

在孟德爾松對外解決了猶太界和普魯士國家之間關係的問題之後，便把猶太習俗對抗現代醫學研究這個衝突議題，帶入猶太內部探討。有別於寫給公爵的信，孟德爾松在他同時寫給社群長老們的信中，建議他們採納公爵對於改變埋葬習俗的要求。他指責那些想從公爵的措施故意要看出使猶太人改宗陰險計劃的人，並表示，引發這種恐慌的理由是不存在的。在這件事情上，孟德爾松支持當代科學，接受其論點，亦即在三天期限之前可能發生對死亡或昏迷的誤診。他運用自己對塔穆德經文的豐富知識，以歷史和宗教律法的論據來鞏固自己的立場，並說明，基於拯救生命於危險的要求，可以廢除迅速下葬的義務。此外，他建議，墓地應該如同祖先在聖地上古老的下葬儀式，設置一個可以停放遺體三天的地窖。所以，要是公爵可以同意他的建議，由資深醫師確認死亡之後才下葬的話，就更好了。就算不行，藉由地窖也可以實現公爵的規定，而不致於藐視宗教。如同這封信的結束句所表示，孟德爾松很清楚，自己採取了棘手甚至惹人怨怒的顛覆性步驟，違抗了一種結合傳統且常見於拉比之間的思考方式。不過，他決意不隱藏自己的信念：

> 要是我知道，您因為習俗的力量強大、猛烈而不願聽從我的話，或許我在您眼中會像個犯錯的人。看啊，那麼我便拯救了自己的靈魂。

幾週之後，孟德爾松確信，自己的建議事實上非常冒險。施威林的社群長老已經就這下葬問題，請教過阿爾托納的恩登拉比在宗教法規上的專業意見。他們給孟德爾松求援的信，是以恩登拉比的勸告為基礎，卻對他隱瞞了拉比極端排斥任何改變下葬法規的態度。恩登在一封信中向孟德爾松提到這件事時，感到很難堪。而孟德爾松從這一刻開始，發現自己不得不面對一位同他相互尊重卻不信任啟蒙運動的拉比，並捍衛自己的立場。一七七二年夏天，表面上他們兩人以信件往返展開一場塔穆德經文出處對解釋葬禮儀式的商討，實際上這涉及更加根本的辯論。以脾氣火爆和對不同意他的人瘋狂追究而知名的恩登，驚恐於孟德爾松對科學所採取的立場。雖然他對當時的科學革新相當開放，卻認為贊同科學的人，免不了要下決心反對宗教。恩登的觀點是不容動搖的，亦即對於在猶太大離散時期所流傳的祖先習俗，不得加以懷疑，而且也萬萬不該提出一個不是傳自某位偉大拉比的新構想；也因此，不可以引進非猶太人的習俗，因為猶太人受到的命令是，「從他們（非猶太人）及其習俗分離出來」。在他看來，任何科學新知的考量都威脅到猶太法典的完備性：

> 所以，公爵關於同意醫師鑑定所寫的，就妥拉而言，上帝保佑，我們無論如何都不可加以重視，否則，上帝保佑，就會削弱它（妥拉）的基礎，分裂它的支柱。

孟德爾松頑強地堅持自己觀點，令恩登感到不解。他訝異孟德爾松既不認同他有關「真理」的話語，也不打算承認拉比的權威。在恩登看來，孟德爾松提出依據古代洞穴葬設置地窖的建議，不僅不實際，更是自不量力的革新：

您的心高舉，讓我們的耳朵如此聽聞，亦即從現在開始引進某件事情，強迫已經流散到四面八方的以色列人建造地窖，這是他們從來一無所知，不曾眼見，而且是千年來流亡異地的祖先不曾料想過的。面對這些種種，誰不會訝異得目瞪口呆呢？

恩登在這場辯論最後一封信的末尾，向孟德爾松舉了一面清晰而明確的大警告牌。遊走在啟蒙運動和猶太文化之間而素有惡名的孟德爾松應該知道，不少人質疑他對律法的忠誠。恩登請孟德爾松應當聽聽他的聲音，「這樣，當他們聽到你轉向不同信仰者的妄想，而打算改變以色列人，亦即改變整個神聖民族的一項習俗時，才不致於讓因嫉妒而有偏見的人傷害到你。」在拉瓦特企圖讓他接近基督教事件三年之後，拉比精英的一位領導代表發出疑慮，認為孟德爾松由於啟蒙運動和接受現代科學，而損害他跟猶太教以及拉比關係。早在跟恩登辯論前兩年，孟德爾松就在先前所提，他給拉瓦特的信中談到對猶太教不無批評的確切立場：

我不否認感受到自己宗教在法令上人為的添加與濫用，而黯淡了它的光輝。這是很可惜的！哪一位真理之友可以宣稱，自己的宗教沒有危害的人為條例？我們都感知這種虛偽和迷信的有毒氣息，而我們追求真理的人，也非常希望能在對真和善沒有損害的情況下將其抹除。不過，就我宗教的本質而言，我仍然確信，不容辯駁地確信，正如您或波涅先生向來對自己的宗教所抱持的態度那般。對此，我在真理之神、您的和我的造物主和守護者（也就是您在信中所憑藉而向我請求的神）面前作證，只要我整個靈魂還沒有採納另一種性質，我都會持守自己的原則。

直到十八世紀末，埋葬問題仍然留存在議程裡。在八零年代，孟德爾松和恩登的通信公開，以支持贊成把遺體停放久一點的猶太現代派。就當時宗教法規的實際操作而言，這是最敏感的議題，它在因應現代派挑戰之際標示了兩條岔路，一是排斥啟蒙運動的守護傳統者，一是努力在猶太文化、社會內部推行啟蒙運動的革新者。孟德爾松受到恩登暗含的威脅，（亦即，堅持自己立場會強化別人對他的嫌疑）卻不為所動，繼續和這位來自阿爾托納的著名宗教學者通信。所以在一七七三年，孟德爾松和恩登討論自從他和拉瓦特辯論以來所探討的基本原理問題，也就是各國中所謂的義人，亦即本著主見而持守諾亞七誡，且不以服從來面對上帝律法的非猶太人，在神學上的地位究竟如何。就連這個在孟德爾松寬容世界觀裡格外重大的問題，也碰到恩登拉比絕不妥協的態度，他卻不打算接受，並毫不猶豫地提出對恩登「唯有相信摩西律法的人才可能獲得拯救」觀點的抗議。

為了駁斥猶太教的專一性，孟德爾松寫道：「對我而言，事情卻比岩石還更沉重。除了我們之外，所有在日昇到日落之間爬入深深洞穴的地上居民，怎麼可能就只因不信仰這部單獨賜頒給雅各子民作為遺產的妥拉，就遭到嫌惡呢？」對孟德爾松、猶太人文主義者和已啟蒙者而言，「神恩並不遍在，也不同等地含括所有人」的說法，在神學上是不可想像的。「那麼，沒有得到妥拉光照及其傳承，而只能憑藉不得離棄卻又不可靠的祖先的民族，又該怎麼辦呢？難道上帝，願祂受讚美，會在他們未犯惡行的情況下譴責，願上帝保佑，將祂的受造物根除，並抹去他們的名字嗎？」

一七七二年夏天，在孟德爾松跟恩登書信辯論期間，他的病情逐漸好轉。恩登寫信告訴他：「當我得知，祂又，感謝主，讓你恢復健康時，我雙眼發亮了；讚美慈悲的主，這是他賜給你的。你增添了我們的喜樂，因為我看到你過去的力量如何，現在又是如何，而得以投入為妥拉的奮鬥。」孟德爾松重回他既定的日常工作。在他復元的幾個月期間，住在紡織廠老闆，即銀行家易奇熙的妹夫德紹（Eisik Dessau）在史普雷河畔蒂爾加滕綠地的鄉下房舍中。看來，十年前才跟弗洛梅保證過，要遠離商業至上猶太精英的孟德爾松，如今竟成為受到有錢有勢階層保護的人了。一七七三年七月，他在醫師的建議下前往療養聖地皮爾蒙特，而薩加利亞・艾夫蘭（Sacharia Veitel Ephraim，也就是在七年戰爭中致富的社群長老凡特爾・艾夫蘭的兒子）用舒適的馬車搭載他，大大減輕他旅途的勞頓。雖然在返回柏林途中的發燒使他虛弱，但是浴療、所喝的水和愜意的社交都對孟德爾松有益，提振了他的情緒。

一七七四年夏天，他再度去療養。這次是由薩加利亞的姊妹，即銀行家麥耶（Aaron Meyer）的妻子蕾瑟兒（Rösel Meyer）陪伴。孟德爾松在一七七四年七月皮爾蒙特之行當中，接觸了許多德國高層的療養客。他成了社交界興趣的焦點。他跟伊利諾爾伯爵伉儷（Wilhelm und Marie Eleonore zu Schaumburg-Lippe）倒是開展了一段持久的交情，這段情誼後來更以個人信件往來而延續。蕾瑟兒在孟德爾松寫給弗洛梅的信紙邊緣上寫道：「我得跟您說，您會等到一位很健康的丈夫回到家裡，他在主的保佑下使用溫泉而相當健康。人人都想跟他結交，尤其是尊貴的畢克堡（Bükeburg）伯爵伉儷很樂於有他做伴」。

就在同一年，孟德爾松被拱入偉大德國人的萬神殿。知名的柏林鑄幣師亞伯拉罕（Jacob Abraham）和兒子亞伯拉罕松（Abraham Abrahamson），在一個表揚大學者的系列中，以孟德爾松的肖像鑄了一塊紀念銀章。銀章的一面有這位哲學家的肖像，另一面則是一個骷髏頭，頭上有一隻蝴蝶，象徵孟德爾松的傑作《斐多》。在七零、八零年代，以他為素材的鉛筆

・亞伯拉罕（Jacob Abraham）和亞伯拉罕松（Abraham Abrahamson）所鑄的銀幣（1775年）

畫、銅版畫和油畫日漸增多，這時更加進了紀念章，鞏固了孟德爾松文化偶像的地位。雖然他不斷被病痛侵襲，卻逐漸可以再度從事自己智識上的工作。他閱讀、注意哲學和文學事件、書寫信件和文章、參與哲學研討、上劇院、接待訪客，也能相當隨心所欲地行動。

在那幾年裡，他除了兩度到皮爾蒙特療養之外，也有一連串的出差活動；像是為了商展去萊比錫和漢諾威，到沃爾芬比特爾圖書館探視雷辛，到德勒斯登，並在弗洛梅和弗利連德（David Friedländer）的陪伴下，回到老家德紹，甚至到了東普魯士的梅梅爾（Memel）和柯尼斯貝格。在這些行程中，他跟早已有交情的知識分子會面，也在達官貴人以及學者圈子結交新朋友。孟德爾松跟其中幾位，例如已受啟蒙且熱心而積極的丹麥王國外交官亨寧斯（August Adolf

・亨寧斯的肖像。柏林格（Friedrich Wilhelm Bollinger）的銅版畫（1799年）

Friedrich Hennings），有了親切的友誼，後來更以知心的信件往來得以延續。

七零年代，施威林社群請孟德爾松就遺體停放一事跟公爵斡旋，並非單獨事件。他的聲望、地位逐漸成為遭遇困難猶太社群的一種聯絡中心，以啟蒙運動、人道主義和宗教寬容等名義來保衛自己信仰弟兄的任務便落在他身上。一七七五年，瑞士猶太小社群代表向他求助，請他設法廢除對猶太合法移居數量限制的決議。孟德爾松寄出一封迫切的信給他的對手，瑞士神學家拉瓦特（自從前述的辯論之後已有四年不曾連繫），請他施加影響力。孟德爾松寫道，他自己並不了解瑞士猶太人的處境，「然而在神的大地上，我們到處被視為外人，所以只要想想一般人如何看待我的族人，以及您祖國的特殊處境，就可以對他們令人憂心的生計有些大略的想像。」這位「人類之友」（孟德爾松對這位神學家的敬稱）確實毫不猶豫地答應他的請求，法令便在拉瓦特的介入下廢除了。

兩年後，德勒斯登市的猶太人也遭遇到類似的問題；他們當中許多人都等著被驅離這座城市，因為付不起當局為居住權所要求的高額費用。社群長老哈伯史塔特（Samuel Halberstadt）以所有社群成員的名義寫信告訴孟德爾松：「現在我們的目光都投向你，因為你會伸出援手，對你的弟兄說：要堅強！或許你那有著上天憐憫的手會解救我，並給你的話語、智者的話語、我們族人破碎的話語帶來救恩。為了遭驅離弟兄們失散的羔羊，你無所逃避。」他們把解救的希望全都寄託在孟德爾松身上，將他比喻成聖經中的摩西：

> 我們依靠至高無上者的恩典，因為就像摩西舉起他的手，他的右手會支持我們，他的力量也會獻給我們。他會以智慧解救這城市，並加以保衛、解放和掩護，以色列會再度平靜無憂，無人驚慌！

人人知道，孟德爾松認識六年前在波茨坦宮殿謁見的薩克森大臣弗瑞奇，所以長老們建議孟德爾松向他求助。孟德爾松立即回覆這封在出差漢諾威期間到他手上的信。當他得知這個嚴重的急難時，大感震驚，「我的雙膝真的由於激動和深憂而顫抖不已」。於是，他找薩克森政府另一位高官費爾柏（Friedrich Wilhelm Freiherrn von Ferber）求援。

一七七六年夏天，當孟德爾松在出差德勒斯登被要求支付惡名昭彰的人頭稅，也就是在牲畜和猶太人通過關境所要支付的二十格羅申（Groschen）時，薩克森選帝侯的顧問費爾柏，看到這位知名哲學家在此受辱而介入，並取得孟德爾松在免付費情況下進城的特許。孟德爾松於是和這位薩克森男爵有了交情。現在孟德爾松拜託他改善德勒斯登猶太社群的狀況。正像孟德爾松一直以來面對歐洲猶太人所遭受的殘酷現實，他對德勒斯登猶太人的困境感到憤怒和深深的同情。他給費爾柏的信明白無誤地表示：

對猶太人而言，驅逐是最嚴厲的懲罰，比單純放逐更甚，相當於從神的大地上被消滅，更由於偏見而被武裝的手從各個邊界驅逐出境。

孟德爾松對費爾柏的良心發出呼籲，他問，沒有過錯的人們，難道只為了他們屬於另一種宗教，就得遭受這麼嚴厲的懲罰嗎？孟德爾松在他那於莫大激動中所寫下的信中結語道：「我滿心充塞，情緒很不安，無法深思熟慮。」他藉此表達了一個尚且能找到安慰的希望，那就是，在一個好的、對人友善政府之下生活的猶太人，不必害怕不合理的懲罰。對歧視猶太人且不人道政策所提出的申訴，終於受到採納！就跟他為瑞士猶太人請願那樣，這一次關係到近半數德勒斯登猶太人的驅逐令被廢除了！

七零年代中期，當孟德爾松以個人的創見介入時，他利用自己的國際地位，阻止衰落波蘭王國中近來對猶太人的一項誣告。報紙刊載，華沙兩名猶太人由於受到「祭祀殺生」的指控而遭逮捕。這消息令孟德爾松非常憤慨。他和柏林兩位社群長老聯名，寄出一封以法語寫成的抗議信，給一位可能跟柏林猶太人有貿易關係的波蘭貴族，要求撤銷該項指控。

五零年代中期開始，孟德爾松為幾乎在世界各地都遭受社會壓迫的猶太人公開爭取宗教寬容；就連一七七七年夏天，他跟弗利連德和本雅明・凡特爾・艾夫蘭（Benjamin Veitel Ephraim）到柯尼斯貝格的，這趟最長的旅程，也和設法廢除反映出基督徒懷疑猶太人的歧視性規定有關。根據這項規定，在猶太會堂禮敬時要有一名基督徒督導員在場，以確保猶太人遵守禁令。這禁令是，猶太人不得在Alenu祈禱中說出「因為他們對著虛無空洞屈身」這句被看成是反基督的話語。孟德爾松在動身前往柯尼斯貝格之前，就為社群寫了一份鑒定書，指出，這種祈禱在基督時代之前就已存在，目的不在反對基督教，所以是無害的。他在訪問期間，和當地高層進行一連串對話，設法廢除基督徒對猶太會堂禮拜的監控。

在孟德爾松前往柯尼斯貝格途中，亦即在通過波蘭國境之後，寫信告訴弗洛梅自己對波蘭落後的印象：

感謝上帝！如今我們只會越不關心波蘭了。我說啊，這個國家好比埃波月（Aw）九日的節慶，所關心的不過是迷信和穀物釀製的燒酒。

在柯尼斯貝格，則有哲學家康德等候著他。康德在會面不久之後，寫信給他以前的學生，柏林的醫師赫爾茲：「在柯尼斯貝格跟如此一位性情溫和、心情愉快、頭腦清楚的男子有堅定、熱烈的交往，是我在這裡非常缺乏的靈魂養料，也是我多年來最為渴求的。」孟德爾松對於受邀到大學並出席康德的兩堂課，有著極高的評價。城裡不少名流都來會見孟德爾松，他的離開也成了報紙刊載的事情。在孟德爾松看來，這是一次極為成功的訪問。他看到自己取得多麼重要的地位，感到非常安慰。

一七七七年初，孟德爾松給德紹先進的教育家，也是慈善教養院主管的坎柏（Joachim Campe）寫了一封信，表達了當時在他其他文字中少見的夢想和心願。他寫道，無論如何，啟蒙運動文化可能還是有助於鬆動對猶太人強烈的偏見，並改善他們的公民地位。在他看來，坎柏願意招收猶太學生，並讓當中最優秀的畢業生擔任教師，似乎就證明了這一點。孟德爾松認為，一個人文機構，把人看成是值得教育的人，而不會對是否接受過割禮的人做區別，這件事本身就讓人可以期待有正面的發展。就連猶太人入選普魯士皇家科學院（以他本身為例），猶太學者進入自然科學研究圈（柏林的醫師兼自然科學研究者布洛赫），以及柯斯塔當選倫敦皇家學院秘書長，都給了他勇氣，並形成他審慎樂觀的態度。

即使十七世紀末延請史賓諾莎擔任海德堡大學哲學講師的提議，也是他歷史記憶中歐洲社會變遷的憑證。這些種種使他不僅有些忘卻自己曾出面幫助過德勒斯登、瑞士和華沙猶太人的艱難處境，也忘記曾入選柏林科學院卻不被國王確認的挫折。

然而過不了多久，他又開始懷疑啟蒙運動能否從根拔除妨礙所有人的社會與個人福祉，以及傷害數個世代猶太人的偏見和迷信。看來，孟德爾松對歐洲猶太人的「承受敏感度」，在生命中的最後十年已經相當細膩。他的反應，擺盪在值得注意的，導向人文、寬容開端時的激動興奮，和想促成重大變化卻遭遇莫大困難時再度感知的憂愁和失望之間。當他意識到自己在啟蒙社會中個人地位和全體猶太人普遍身分之間的差距時，便會感到幾分沮喪。

在一七七八到七九年間，孟德爾松的寬容意識遭到兩種對立傾向的強烈震撼。他的好友雷辛當時發表了《智者納坦》（Nathan der Weise）一劇，這是德國啟蒙運動的傑作之一。如前所述，雷辛是沃爾芬比特爾圖書館員，當時他正遭逢嚴重的困頓。他在〈歷史和文學〉（Zur Geschichte und Literatur）期刊上五年多來匿名發表神學片斷，並對基督教進行自然神論觀點的批評，卻由於基督教界衛道人士的憂心而引發了指控和責難的風波。事件和〈無名氏片斷〉（Fragmente eines Ungenannten）有關，它取材自漢堡高中教師萊馬魯斯（Hermann Samuel Reimarus）的遺著〈理性崇拜上帝者的辯護書〉（Apologieoder Schutzschrift für die vernünftigen Verehrer Gottes）裡內容廣泛，約寫於一七四七年的論文手稿。雷辛發表於一七七八年的最後一篇「片斷」中含括了一篇對新約的極端批評。國家當局在教會的壓力下發佈一道法令，直指〈片斷〉，並阻止雷辛日後發表任何神學文章。

雷辛於是寫了《納坦》作為答覆。他以迂迴的方式，並選擇十字軍時代的耶路撒冷作為遙遠的歷史背景，以表示他對宗教狂熱保持距離。他藉由聖殿騎士角色之口，對一神宗教要求獨一性做出批評：

無論何處或誰有虔誠的狂熱，／以為擁有較好的神／這較好的，／逼促世界認為他最好，／比起此時此地他還能以最黑暗的形態更加顯現？

共同的規則罔顧差異地把人統一起來，更是先於歷史上宗教之間的劃分。宗教狂熱和由宗教所引發的歧視，違背了人類道德。仁慈的神不會偏愛基督教甚於猶太教或回教。人是以其行為、德操和意圖受到評斷，而不是宗教歸屬。

猶太人納坦透過「戒指寓言」向回教蘇坦薩拉丁（Saladin）解釋，根據忠實的傳說，三大宗教分別直接從天父取得戒指，卻不能確知，哪個宗教擁有真品，其他兩者之一的哪個有複製品；也很有可能，沒有哪個戒指是真的。因此，任何宗教論爭都是無謂的，而宗教寬容，亦即互相承認和多元並存，是可以達成的：

你們每人都從父親拿到戒指：／每人因此相信自己的戒指／真實。可能：現在父親／對戒指的專制不願繼續／在他的家裡忍受！

這是雷辛獻給孟德爾松特殊又深具個人意涵的禮物。他在這齣戲中不僅表達了他參與猶太人遭受狂熱基督徒迫害、羞辱和殺害的殘酷命運，也讓德國大眾不僅熟悉了為宗教寬容而戰的關鍵，更以納坦的角色讓孟德爾松本人永垂不朽。所以讀過且不久之後在舞台上看過這齣戲的人都知道，這個體現理性、慈悲、寬容和愛的模範角色，所呈現的正是柏林這位有名的猶太哲學家。

孟德爾松高興又感激得難以自持。宗教寬容能有像雷辛這樣令人印象深刻的代言人，在孟德爾松看來，便是啟蒙運動無可遏止、不斷前進的另一項證據。他認為，相對於在《憨第德》中揭露世間不義並悲觀批評的伏爾泰，雷辛成功支持了樂觀的萊布尼茲觀點，即萬事趨善的天性，並發展出啟蒙運動另一種正面的模式。雷辛在舞台上十字軍東征時期的耶路撒冷，安排一名猶太人、一名基督徒和一名回教徒的會面，他們出人意表地以親密和好為結局。這齣有關神的恩典和智慧的戲劇，傳達一個訊息，即，在神的計劃中所預見的實際情況是多元的，當中存在著多種生活方式和各個宗教的互相承認。

不過，另一方面，孟德爾松的「承受敏感度」遭到強大衝擊，雷辛因著自己膽敢明確地加入寬容啟蒙運動者、孟德爾松和猶太人的陣營，而付出昂貴代價。雷辛的對手們認為，《智者納坦》一劇侮辱了基督教而加以反擊。〈片斷〉所受到的批評和這齣戲之間，有不少共通點，也就是，信奉基督的長老被描繪成惡人，對納坦及其家人的迫害，被描寫成是以宗教之名所進行的暴行，而猶太人卻被正面地突顯成最真實體現基督教慈悲的有德之士。在第四幕，修院弟兄說：

而整個基督教／不就建基於猶太教？／我時常／惱怒，耗去我的淚水，／基督徒竟能如此健忘，我們的主原是猶太人啊。

孟德爾松以極大的歉意密切注意敵對方的反應，以及這些反應對他好友的影響。從一七七九年為這齣戲開始論戰到一七八一年二月雷辛過世，不過一年多。這段期間雷辛過得很痛苦，覺得自己不再被看成是作家，因為他損害了基督教最神聖的價值。朋友們的疏遠迫使他活在孤立當中。他失去生活的喜樂，覺得已經敗給對手而抑鬱不已。讓孟德爾松憂苦的是，擁護教會偏見的人因為擊敗提倡寬容的人而自鳴得意。當他得知雷辛的死訊時，寫信告訴雷辛的兄弟：

他寫了《智者納坦》，而後過世。在我看來，《納坦》優於所有他曾寫過的，我難以想像還能出現比這部更優秀的精神作品。……實際上，他已超前自己所生活的世紀一整個世代啊！

這期間，孟德爾松也已年近五十，他逐漸從前些年大大限制他的病痛中復元。他的家重新為賓客開放，並吸引了好奇者、達官貴人以及普魯士和其他地方的學者。他的客廳幾乎天天有客人，進行熱絡的談話。至於安息日和節日，主要是家屬和猶太朋友的聚會，話題環繞在會堂每週頌讀的妥拉經文、希伯來文書籍和希伯來語言的處境、猶太教育和一般猶太人的命運。當然，並非每個柏林猶太社群成員都是孟德爾松的擁護者，也有人在背後批評他。恩登便曾對他提出，有人質疑他對猶太教的忠誠。此外，他要好的基督徒朋友之一亨寧斯也寫信告訴過他，自己在柏林「聽過不只一位理智的猶太人說，孟德爾松是個夢想家。」

不過，安息日和節日的聚會給他很大的補償。身為主人，他坐在客廳角落窗邊的椅子上導引談話、介紹新客人、稱讚參與談話的內容並做答覆。當現場討論情緒過熱時，他會站起來，在對立的意見之間做調解。每次客廳談話進行時，招待工作主要由弗洛梅負責，這是她擔當妻子和母親之外又多加上的工作。一七七五年，這家人遭遇命運另一次打擊，六歲的兒子孟德爾・亞伯拉罕夭折了。同一年，顏忒出生，隔年另一個亞伯拉罕出生。一七七八年女兒西瑟出生，不過三個月後就夭折了。

兒童教育非常受到孟德爾松的重視。由於這個家庭的社經地位，孩子們可以由家教授課，不必去上社群初、中級的塔穆德妥拉學校。他們的課程內容有相當明確的差異。女兒布蘭黛和瑞巧的教育，著重在歐洲語言和文學的學習；而孟德爾松對兒子們提供的教育，則專注在妥拉和希伯來文的學習。他在孟德爾夭折之後，對兒子約瑟夫的基礎教育特別費心。當約瑟夫六歲大時，孟德爾松請杜伯諾（Salomon Dubno）當他的家教。杜伯諾是來自立陶宛的塔穆德教師，相當嫻熟妥拉、文字解說和希伯來文。他深受孟德爾松的器重。

實際上孟德爾松親自教授兒子妥拉，亦即摩西五書。他設法在傳承的希伯來經文和兒子的口語能力之間，藉由德語翻譯來傳達。德語是孟德爾松全家人以及七零年代柏林社群許多子弟已經相當熟悉的語言。杜伯諾負責有系統地教約瑟夫希伯來文文法規則。兩年後，又有一位老師加入。他是來自波希米亞的年輕猶太啟蒙者洪貝格（Herz Homberg），教孩子們希伯來文以及其他科目。他很快就贏得孟德爾松喜愛，受到他的信賴。從孟德爾松對約瑟夫基礎教育所投注的心力當中，出現了他的最傑出作品之一，即譯成德文的妥拉，以及相關的說明Bi'ur（《註釋》）。

孟德爾松再度感受到創造力的勃發。短短幾年之內，在一群志同道合的啟蒙運動者和商人支持之下，他實現了一個大計劃，把摩西五書譯成德文、重新註解並印行出版。這部作品在一七八零到八三年間，以Netivot ha-Shalom（《和平之路》）的書名發表。根據孟德爾松的說法，這計劃實際上是由杜伯諾所促成。孟德爾松在這部註解中重要且廣涵的導言Or la-Netiva（〈路上的光〉）裡寫道：

> 當神恩賜我兒子，到了他們學習妥拉，並諄諄教誨他們永生神的，經中已書寫了的話語時，我便開始為適合孩子們閱讀，而把摩西五書譯成我們日常所使用的純正德語。我讓他們頌讀譯文，並配合經文的學習，有時逐字推敲，有時根據物品的意義及其關聯性，好讓他們習慣詩文的意義、語言的精妙以及教訓的明晰，直到他們長大而能自行理解為止。

任何經歷過當時東歐系猶太人傳統教育制度的人，一定可以立即看出孟德爾松有新的教育方法。只要希伯來文還不是日常用語，而是「神聖語言」，也就是禮拜儀式和宗教經文的語言時，與聖經經文並行的譯文就是必要的了。所以初、中級塔穆德妥拉學校的學生，藉由東歐系猶太人的日用意第緒語學習。孟德爾松相信，這種教學法基本上是有缺陷的，而意第緒語是一種低俗的混合語，並不能傳達希伯來聖經原文完整的美學和概念上的豐富性。雖然孟德爾松一直在日常生活、跟猶太人往來，尤其是跟家人講話時使用意第緒語，卻認為該語種對猶太人的道德有負面影響，並使得猶太人的外來性恆久化。他寫道，意第緒語「相當促成了一般人的不道德」。他也應許一種「已流行在我們弟兄之間，新興的純德意志方言，會有很好的影響。」

在給約瑟夫授課時直接注意到妥拉譯文變化的杜伯諾，建議孟德爾松讓譯文跟註釋一起付印。孟德爾松一開始遲疑不決（他的同意是以他不列名為條件），不久後，他就密集投入這項方案。他私下對兒子約瑟夫研習所開始使用的、有創意的方法，後來卻引入了公領域，並觸發極大迴響以及不少爭議。

一七七八年，當杜伯諾在希伯來文印書重鎮阿姆斯特丹以'Alim li-Terufa（〈治療之葉〉）為題印行幾頁樣張時，《註釋》的刊行計劃開始為人所知。他的目的是招徠訂戶，以資助昂貴的印刷費用。當時的費用大概是驚人的三千五百塔勒

（Taler）。杜伯諾想要使人信服該計劃的意義，而寫了一篇詳盡的前言。他在文章中把孟德爾松的譯文讚美成，是時至當時聖經所有外文譯本中的王冠，它的出版是不可或缺的。希伯來文逐漸遭到遺忘，已有的幾種德文譯本錯誤百出，而引用基督教譯本則是冒險的。杜伯諾把孟德爾松形容成是擺脫這種困境的拯救者：

> 如今名聞遐邇的學者摩西德紹先生看到這一切，他照顧自己的同胞，並決定以精確明析的德文翻譯摩西五書。

當時一位初期猶太啟蒙運動者威則立，給〈治療之葉〉添加了一篇推薦和一首華美、熱情的詩，而賦予這項計劃重大的歷史意義。他在四年後為了猶太教育制度全面的改革計劃而走入公眾。威則立認為，《註釋》是醫治猶太教育重大缺失的良方。他的結論如下：

> 在我們社群裡，民眾大多愚昧。……他們把自己四、五歲的孩子送到學校，交到老師手上學習聖經，卻沒注意到底他們是用純正的語言表達，或是用結巴遲

鈍的口舌講話。有時候他們連正確的閱讀也不懂。……老師以自己的方法和小孩一起學習永恆之言，約一年或在固定的天數裡完成。時候一到，他們就告訴孩子的父親：「您的兒子已經學完密序那（Mischna）和塔穆德。」跟著老師學習聖經不再可以顯示出老師們的尊嚴。……等到孩子長大，大部分人便趕緊卸下塔穆德的重軛。一旦他們逃避，手上便一無所有；沒有妥拉，也沒有以色列的信仰原則，沒有知識，也沒有理性的道德和教養。他們連希伯來文都讀不通，也不懂自己每天祈禱所使用的字句。

威則立認為，孟德爾松的德文譯本，日後會讓人更懂希伯來語，使學子們了解妥拉，為教師們指出道路。他也表明，該譯本同時有助於克服他所發現猶太文化屬性逐漸消失的危機。

孟德爾松在多大程度上意識到，這個起始於兒子約瑟夫課堂的註釋計劃（如前所述），竟然能如此意義深遠呢？他在一封給亨寧斯的信中坦承，是人生際遇，而不是預先設計才使得這項計劃成形。為了解決自己小孩課程缺乏妥拉譯文的問題而開始的實際辦法，後來卻成了一項其目標相當於轉變猶太文化方向的事業。

我在人生較順遂歲月中所做的頭一項計劃，和成為聖經出版者或譯者的差距甚大。我原本只想把自己限制在完成每天的絲綢生產，在閒暇時才或多或少擁抱哲學，但天意卻引我走上完全不同的路子。我喪失了沉思的能力，這能力一開始曾給我最大的滿足。我在若干考量之後發現，如果我把聖經較好的譯本和解說交到同胞手上，我殘餘的力量足夠給自己的孩子，甚至給相當多的同胞提供好的服務。這是邁向文化的第一步，可惜我的同胞卻和文化有著這麼大的距離，使人對改善的可能性幾乎要感到失望。

《註釋》在此似乎是一位因病而不能繼續思考哲學家的脫困辦法（這種思考力是自孟德爾松在柏林五零年代初以來發現且為之著迷的）。不過，在他看出自己能夠實現這個計劃之後，整件事情就似乎成了對猶太教深具意義的工作。一方面他希望可以藉由《註釋》擺脫意第緒譯文的缺失，找到通往歐洲文化的門徑；另方面他也想防範，年輕人由於傳統教育而疏遠猶太教，並導致猶太教的沒落。威則立和孟德爾松把《註釋》跟對猶太教育缺失的批評，以及引導猶太文化開放的意願聯結起來，使得這部作品成為猶太啟蒙運動的方案。但這在當時若干有領導位階的拉比心中卻引發了疑懼。《註釋》越是逼近猶太基礎教育的焦點，他們就越懷疑這種聖經課會排擠到塔穆德課程的優勢地位。

杜伯諾和孟德爾松把德文譯本呈現為數百年來猶太翻譯傳統的延續，而《註釋》則是古典註解的彙編，並不以先驅姿態或是具批判性的文字來表示。雖然他們跟當時的聖經批評及基督教的註解和翻譯保持距離，但是〈治療之葉〉才剛刊登，就立刻出現反對該計劃的聲音。孟德爾松聽到傳聞，布拉格的拉比藍道（Ezechiel Landau）和阿爾托納的拉比柯亨（Raphael Kohen）威脅，要在這本書的第一冊問世之前，發佈《註釋》的查禁令。一份漢堡的地方報甚至宣告，柯亨已經對每個讀這本書的人進行查禁。儘管這禁令從未宣佈，孟德爾松卻很擔心這種反應，把它看成是拉比們毫無根據的宗教狂熱。

從一七七九年這個時間點起，孟德爾松開始覺得自己由於文學工作而飽受不公平的待遇。他原先特別在外界對猶太人攻擊時做出反應的細膩「容忍敏感度」，現在也朝向猶太社群的內部事件。被許多人尊為十八世紀中歐猶太教拉比重要人物的藍道，對這部作品抱持疑慮，因為它並沒有拉比認可的合法印記。此外他也擔心，藉由聖經而學會德文這件事，會變得太過重要。藍道認為，《註釋》的德文，會使得藉由孟德爾松的作品來教授妥拉的教師大費工夫，「由於孩童很難了解該作品，教師便得……花費大部分的時間在教授德文文法上。日子過去了，孩童對妥拉的信條仍舊一無所知。」

孟德爾松在一七七九年五月給布拉格友人列維的一封信中，對這種針對他而發出的指責表示，他確實沒向藍道請求出版許可。孟德爾松明白，向宗教精英成員籲請haskama（拉比出版許可）的慣例，是猶太社群中管制任何出版的手段。他認為，自己的計劃並不需要這種同意，不需拉比的管制，因為這是一本德文書，不算是宗教文獻。事實上，杜伯諾在一七七九年就獲得三份拉比出版許可。當中最重要的一份，是出版《註釋》時柏林拉比雷文（Zvi Hirsch Levin）令人振奮的認同。雷文是孟德爾松的好友。一年之前，雷文和孟德爾松還在普魯士當局的請託下，一同撰寫猶太教律法中有關公民身分法和財產法的概述。所以，當孟德爾松〈治療之葉〉的出版許可未得到核准，卻要等到一七八三年該計劃結束才有眉目時，事情就不是湊巧的了。他想在拉比精英的權威和猶太知識分子的文學活動之間，劃出清楚的界線。從這個角度來看，《註釋》在猶太啟蒙運動中重要且影響深遠。這部作品成了全新類型的猶太知識精英，即猶太啟蒙運動者，覺醒和成長的傑出宣言。

不過，孟德爾松雖然對查禁的威脅感到氣憤，卻不願意和拉比們產生衝突。可以確定的是，他不打算反對他們，只是請朋友亨寧斯幫忙。亨寧斯把拉比們的反應稱為「神學的專制」，他或許能讓丹麥王國的高層人士對這譯註計劃感興趣。身為德國啟蒙運動典型代表者的孟德爾松，一生都跟歐洲，尤其是法國啟蒙運動者對教會和神職人員的激烈批評保持距離。他寫道：「然而我既不想敦促，也不想取笑他們。要是我讓自己民族的學者受到鄙視，又有甚麼好處呢？」

亨寧斯在這期間正好成功取得丹麥君主和王儲的訂購，有助於提升該計劃的聲望，也相當程度阻止了查禁的意圖。一七七九年六月底，在一封孟德爾松從到訪的史垂立茲（Strelitz）寄給亨寧斯的另一封信中，對於拉比們的狂熱，他以哲學家的冷靜總結自己的感覺：

> 這一場籠罩在我可憐的書的小風暴，基本上並沒有引發我些許的不安。沒有哪個宗教狂能輕易地令我冷靜的血激動起來。……總之，我的心很少會受到憤怒、懊惱和後悔等等不悅情緒所刺激。……阿爾托納拉比讓手上的雷霆棒休息了。至於是出於何種目的，我不清楚。或許他想等到在獲得整部作品這個較好

的機會下，再發出更多譴責。但願真是如此！我希望他可以不加過問，不受外界任何影響，並看到真理如何毫無顧慮地在我的民族裡得到成功。

不過，在給亨寧斯這封信中的某段個人評語卻顯示，儘管如此，這些威脅仍然相當令他感覺受到傷害，而樂於見到一場爭鬥：「如今這種無力的嘗試遇到越多阻力（指的是透過《註釋》把猶太民族「帶向文化」並得以改善），就越有必要，我也就會越熱切地設法實行。」自從一七七二年停屍問題導致了和恩登拉比的對抗之後，如今孟德爾松再次為了啟蒙運動的理想而和當時的拉比精英交鋒。

查禁的威脅和藍道、科亨拉比的阻撓，並不能遏止《註釋》工作的進展。這部嘔心瀝血的著作於一七八三年完成，「猶太書櫃」因著妥拉五書的德文譯本，以及一部新的、有意義的註解而更加豐富。撰作的除了孟德爾松和杜伯諾之外，還有幾位像是威則立、洪貝格和來自加里西亞的家教弗利登塔（Aaron Friedenthal）等學者參與。孟德爾松主持譯事，把工作分配給幾位學者。在一位猶太啟蒙運動者兼富商弗利連德的資助下，孟德爾松負責籌措印書的費用，從德國、奧地利、波蘭、立陶宛和西歐的社群爭取到五百多名訂購者，籌足總共七百五十本《註釋》的印刷費用。他讓他的兄弟紹爾擔任會計和書籍的發行，並得到一位朋友，柏林金錢貴族本迪特（Jeremia Bendit）的援助。此外，在杜伯諾因為自己語言學才能不被認可，憤而在合作期間離開之後，孟德爾松也得克服這個危機。

一七八三年春天，計劃進入最後階段時，孟德爾松寫出了他長篇且博學的前言〈路上的光〉（Or la-Netiva）。他探討了聖經既有的幾種外文譯本，說明自己的註解方式及點評，「有時會依據簡單的字義，有時則依據我們賢哲的解釋，……因為兼採這兩種方式才能真實無誤」。孟德爾松或許是因為外界針對他提出的質疑，才特別需要強調自己對傳統基本原則的信守。例如，每當註解或翻譯，而字面的詮釋和拉比傳承的解經實務之間產生矛盾時，他總是依據傳統的裁定加以解釋：

> 在我們看來是字面的解釋，卻和賢哲（紀念他們的人是有福的）所傳承的註解在某種程度上發生衝突，亦即兩者不可能同時為真時（因為「矛盾是不可能的」），我們的義務便是遵照傳統，並據此傳譯經節。因為對我們而言，唯有賢哲（紀念他們的人是有福的）的傳承具有效力，我們在他們的光照中看見光明（詩篇36，10）

孟德爾松的說明有一定的重要性。經由他的手所產生的聖經譯文，與基督教聖經截然有別。因為猶太人把他們在西奈山透過啟示所得到的，理解成上帝的律法，而不單單是人類的救恩史。孟德爾松寫道：

因為基督教譯者並未接受我們賢哲（紀念他們的人是有福的）的傳統，……而在神的妥拉當中增添、刪減和改變……他們根據自己的想法和見解來校正，因此有時也不讀在妥拉中所寫的，而只是念頭想像……甚麼才能促使他們去聆聽一種不是由他們祖先所接受的傳統呢？……他們確實也接受妥拉的字句以及裡頭所寫的一切，卻不看成是需要實踐和觀察的，反倒像是一部史書，可以從中得知古代發生的事件，以及最高天意的道路和對每一個人的引導。

依據孟德爾松的說法，猶太人讀聖經基本上是不同的。猶太教的本質，亦即猶太人實際上必須遵行的上帝律法，就隱藏其中：

對我們而言，這部妥拉是一項遺產，並不單單為了前述的目的，更是為了知道永生之神吩咐我們必須加以學習、教導、觀察和實踐的誡命。妥拉是我們的生活、我們日子的長度。

正當一七七八年《註釋》計劃開始時，柏林也隨著新式猶太學校的建立而有「邁向文化」的下一步。這項由柏林金錢貴族家庭提出的動議，孟德爾松本人並沒有參與。這個圈子越是認識到普魯士國家對在社會和經濟上有用且具有生產力臣民的需求（臣民的稟賦、勤勉和道德生活變遷有助於國家強盛），就越覺得有責任照顧猶太社群內部的弱勢。這個上流階層的兩位代表人物易奇熙和妹夫弗利連德，接續博愛濟世的動機，負責建立了「貧寒柏林兒童猶太免費學校（Jüdische Freischule für mittellose Berliner Kinder）」。在這裡，上午額外加重妥拉研讀，下午則由各科教師以德文課本教授數學、自然科學、地理和倫理學。兩人為了這個宗旨創辦了「男童教育協會（Gesellschaft zur Knabenerziehung）」，並從社群的富裕家庭募得可觀的款項。學校開辦之後，教學計劃更擴充到聖經學、希伯來語言學和法語。

這所新學校提供來自低層的少年爬升至社經較高層級的機會，讓他們有以員工和商販的身分融入猶太商人和工廠業主經濟生活的可能性。學校創辦人更向腓特烈二世國王求助，向他介紹創校目標，並在信函中告知，他們想協助「猶太臣民文明化，而成為國家有用的一員」。

《註釋》才剛出版便成為這所學校的教科書。一七七九年，弗利連德為了德語課出版了《猶太兒童讀本（Lesebuch für jüdische Kinder）》。弗利連德是一位有抱負、有教養的二十八歲青年，來自柯尼斯貝格的一個商人家庭，娶了富有的易奇熙家庭的一個女兒。當時他跟孟德爾松往來密切，這層關係尤其表現在一同前往德勒斯登、德紹和柯尼斯貝格的旅行上。為了募集印行《註釋》的資金，弗利連德非常成功地運用了他跟普魯士境內、境外，具財務強勢猶太人的家庭和社會關係。孟德爾松在公佈捐助者名單時，語帶讚賞地提到這一點：「我特別要感謝與我以和平聯盟的這個人，我這位親如兄弟的朋友，敬愛的弗利連德，願他的守護神保佑他、拯救他。因為在所有幫助、支持我的人當中，他是站在最前端的。」

免費學校是東歐系猶太社群第一個現代化的猶太教育機構，《猶太兒童讀本》則是第一本現代的教科書。孟德爾松並沒有發起這兩項事業，倒是弗利連德親自給德文讀本加入若干篇章。當中包括塔穆德裡一些格言的翻譯，以及麥蒙尼德十三信條的德語譯文。其中最有意思的是，孟德爾松為這課本以「一位世間賢哲的祈禱思考（Andachtsübung eines Weltweisen）」為題所寫的，哲學家對創世者的禱詞。在他向上帝求告的禱詞中，「讓我們變得有智慧，如此才能夠幸福」一語，表達了他對自然宗教（其價值和原理對任何具有理性和道德者都顯而易見）和人文主義的認同。

正如「聽哪，以色列（Shema Yisrael）」禱詞、麥蒙尼德信條以及十誡的翻譯，這段哲學家禱詞強調了各大教共通點，也讓孟德爾松表達了自己的見解，即，上帝是善、真、智、愛的泉源。祂是大自然的造設者，讓世界享有和諧，更陪同人們走上幸福之路。在《猶太兒童讀本》的封面上有著「男童教育協會」的標章。這是一個有花朵點綴的徽章，上頭有協會的希伯來名字，底下散置著各種教具，包括書籍、筆記本以及書寫和測量工具。下方還有一行德文：「成為猶太免費學校最優秀者」。

這所學校的意義在於，它被看成是傳統塔穆德和妥拉學習的另種方案和補充。從教學計劃、方針和給學生的特殊教科書上，可以看出主事者對傳統教育方法的不滿，以及大幅轉移猶太教育重心的意圖，亦即把對神聖化妥拉的必要和義務性研讀，轉移到注重學生本身及其才能的發展上。

適切的猶太教育是孟德爾松家中客廳談話最常討論的主題之一，也成了在十八世紀後半，歐洲人爭論猶太人在現代國家中地位時的關鍵問題。一七八一年尾，驚動公眾的兩樁事件，令孟德爾松這個不斷透過寬容感和啟蒙觀稜鏡重新思考新近急遽發展的人，感到五味雜陳。

第一件事是具前瞻性方案的發表，所依據的是一項協定，也就是，以對猶太公民地位的最廣泛改善，作為深入改變其教育制度和社經結構的回報。提出這個方案的人，是普魯士高官且屬於柏林啟蒙圈子的學者多姆（Christian Wilhelm von Dohm）。他的文章以〈論猶太人公民地位的改善（Über die bürgerliche Verbesserung der Juden）〉為題在柏林發表。這項對當時而言相當大膽的做法，肇始於法國阿爾薩斯（Elsass）猶太社群的一封請願書。在一波衝擊阿爾薩斯猶太人的反猶浪潮之後，當地社群領導之一貝爾（Cerf Berr）請求孟德爾松為他們上書法國政府。孟德爾松決定請多姆來擔負這項任務，因為他認為，一份由基督徒學者所寫的支持猶太人的請願書，會更有份量。

多姆不僅樂於寫這篇文章，更是深刻掌握「猶太問題」及其在啟蒙運動論述中的地位。他詳細分析了猶太人受到歧視以及被排擠到社會邊緣的各種原因，同時也反駁大多數針對猶太人提出的指責，並草擬一項計劃，借由教育和具有生產性職業的訓練來改善猶太人的境況。他的結論深具影響力，強調，一個想要實踐啟蒙運動人道原則的國家，不能夠用像過去時代所盛行，以宗教狂熱主導世俗政策的野蠻方式來對待猶太人。歸咎猶太人有損公益的那些特性，例如不可靠的生意道德、過度在貿易上集中、缺乏普通教育，以及身體羸弱等等，都是數百年來不應當保留的歧視政策所導致的可悲結果。「猶太人更是人，而不僅是猶太人」，多姆以雷辛的寬容訊息做出宣告，如此一來，他宗教上的習尚便不至於成為褫奪他公民權的緣由。

大約一個月之後，也就是一七八一年十月，正當多姆驚人且激進的方案在德國輿論界受到討論之際，約瑟夫二世頒佈一系列寬容法令給波希米亞的猶太社群，不久之後更擴及整個奧地利。這位年輕有活力的國王非常關心自己帝國內各種少數族群的生活條件，他以巨大熱情倡揚啟蒙運動，並設法透過適用於全體人民的統一法令，和對官僚更嚴格的控管來更有效地治理國家。

雖然法令離保障平權仍有不小的差距，在許多地方對於住處和職業方面也依舊保留原有的限制，卻讓啟蒙運動陣營興奮地接納；這是基督教國家史上頭一次廢除加諸在其猶太少數族群歧視性的限制。法令同時也提供猶太人一條融入國家的管道，辦法是讓社群接受國家行政管轄，把年輕世代的教育納入改革過的學校制度。該制度的重心在於學習德語和自然科學。

看來，在一七八零年代初，多姆和約瑟夫二世幾乎同時為現代猶太生活開闢了新的天際。他們提出改變既有生存模式的可行性，也同樣涉及社群權威、教育體制、和當局的關係、經濟（多姆和約瑟夫二世主張從貿易轉型成手工業和農業）、語言和取名（這位奧地利國王要求選定一個由父傳子的家庭姓氏）。至於孟德爾松對這項急遽發展的反應，在一七八二年初他就猶太問題所發表最重要且有意義的一篇文章裡表達出來。這文章是針對一六五六年以色瑞爾（Manasse ben Israel）所寫《拯救猶太人》（Rettung der Juden）德語譯文版的引言。這篇〈引言〉觸發了連鎖反應，再度把孟德爾松捲入一場正、反言論的漩渦中。

・多姆，克勒（Karl Christian Kehrer）在畫布上的油畫（1795年）

葡萄牙裔拉比以色瑞爾，是十七世紀阿姆斯特丹社群長老之一。他在一六五五年前往英國，獨自設法促成該國重新對猶太人開放。他跟克倫威爾（Oliver Cromwell）等人的磋商引起了反制和騷動。這是近代開始之際引發公開探討「猶太問題」的首批事件之一。一六五六年，以色瑞爾在倫敦發表了《為猶太人辯護》（Vindiciae Judaeorum，譯按，也就是「拯救猶太人」）。這本書針對十三世紀末英國驅逐猶太人之後反對其回歸的說法提出反駁。他談到祭祀殺生的指控、天主教宗教法庭的暴行，以及猶太人在祈禱時嘲笑基督徒，並在做生意時占他們便宜等等說法。以色瑞爾主張，不偏不倚地檢視這些無端的指責和成見，有助於給猶太人在英國提供保護。既然猶太人的離散是「從地球的一端到另一端」，以色瑞爾堅信，地球的其中一端指的就是不列顛群島，而這一端也是未來得救的先決條件，所以猶太人的回歸可以加快救世主的來臨。

孟德爾松的看法跟促動十七世紀阿姆斯特丹拉比的這種救世主觀相去甚遠。不過，當他想對這個十八世紀八零年代歐洲公眾所關心的「猶太問題」探討有所貢獻時，便認為應當發表這篇猶太教辯護文的德文譯作。在孟德爾松看來，以色瑞爾的文章是為猶太人權利奮鬥的成功範例，「拉比的這篇文章既然談到猶太人的各方面，它的譯文就應該不至於沒有價值。」

八零年代初，尤其是多姆發表猶太人辯護文及頭一批評論之後，孟德爾松有可能認為，他的處境和當時以色瑞爾在倫敦的情況相當，因而必須儘可能擔負起類似猶太代言人的任務。以色瑞爾撰寫《為猶太人辯護》的時間點，是對達成自己目標幾乎不抱希望之時，而孟德爾松的引言則反映了他自己模稜兩可的態度及內心的波動。孟德爾松原本想為讀者指出，正是在他看來值得敬佩拉比的不懈努力，才促成英國對猶太人開放和寬容理想的勝利，卻又在別的段落表達了疑慮，即，寬容思想向來面對的是拒斥的高牆：「值得注意的是，要了解到這項成見是如何形成，而讓我們數百年來受到打壓，讓人們難以接受我們為臣民。」一七八二年春天的這篇文章，夾帶了孟德爾松最崇高的夢想和最抑鬱的噩夢。

起初，孟德爾松對這公開探討的新發展也越來越感到振奮，他的引言是這麼開始的：「感謝仁慈的天意，讓我在最終的時日還能體驗到這個快樂的時刻，因為在這時刻裡，人的權利真正開始受到嚴肅對待。」在孟德爾松看來，雷辛《智者納坦》一劇的上演、多姆〈論猶太人公民地位的改善〉和約瑟夫二世的寬容法令等等都創造了新的情境。他深信，世界應由和平統管的神意，以及看到人的自然權在自由和寬容中實現的定命，全都表現在君王實際的政治姿態上。孟德爾松在一則極具自傳性質的註解中表示，他本人缺乏任何政治野心，所以他在這齣戲中只扮演一名知識分子的消極角色，只從外部觀望並夢想著自己心願的實現。這是一位生活在腓特烈二世政權下普魯士猶太人的告白。他並不打算煽動群眾，或甚至讓普魯士都可能效法奧地利君主的範例：

> 對於大人物們的內閣，尤其是對這內閣具有影響力的一切，我都敬而遠之；對於這種大事，哪怕是些微的參與我都不願意。……我總私下認為，絕不要讓自己捲入具有影響力事務的工作或職業，涉入實務世界的交易。而我整個的交往，向來也只侷限在跟我志同道合的幾位朋友的圈子裡。我還是站在陰暗的遠處，抱持童稚的嚮往，期待全智、全善的神意所允許發生的一切。

孟德爾松這段話，對於他在輿論中的地位無疑有著刻意的輕描淡寫。用「總是私下認為」一句來描述他近二十年來的生活，相當偏離事實。這句話或許透露了一位被推上「猶太人代言者」位子，並被猶太和一般公眾看成是這種角色哲學家的心願。不過，這句話也顯示了孟德爾松規避任何嫌疑的用意；因為有人會認為，他可能跨入普魯士微妙而棘手的政治圈，與某些力量相結合，而這些力量既能讓人獲得自由和更多的權利，也能不斷以諂媚的言辭來宣告對普魯士國王的忠誠。

所以，對孟德爾松而言，為以色瑞爾文章寫的引言也是一種回應多姆過激文章的辦法。雖然他就是促使多姆撰文的人，也認為必須說服十八世紀末歐洲國家確認猶太公民平權的可能性和必要性，但卻認為多姆的計劃有問題，基本上有缺失，甚至是危險的。首先他讚美多姆，把他看成是啟蒙運動極具發展希望的一部分。孟德爾松寫道：「他的目的既不是為猶太教，也不是為猶太人寫辯護文。他只是在引導和人類有關的事務，捍衛他們的權利。當這件事剛好也是我們的事，當人們對我們的人權狀況不做出抗議，也同時無法推廣人權時，就是我們的幸運了。這位十八世紀的世俗賢哲，淩駕學說和意見的差異，只單純把人當作人來看待。」

不過，孟德爾松的批評卻很深入，針對多姆的基本命題，即，在猶太人足以得到新的特權之前，需要一場徹底的改造，有不同的看法。孟德爾松懷疑，在多姆身上，正如反對猶太公民平權的人那般，隱藏著久為人知的偏見。當他在多姆的文章中讀到猶太人在生活型態、經濟、教育和道德上的許多缺失時，痛苦的噩夢隨之襲來，類似的感受也發生在他隨後處理米歇里斯對多姆的評論時。米歇里斯在評論中指出了猶太人解放所遭遇的阻礙，即，他們把自己看成是理所當然的特選民族，期待救世主帶他們回到錫安，和基督徒相處時，宗教律法對他們的限制，乃至與兵役的關聯性。

始終懷疑猶太人可以融入多數民族社會的米歇里斯認為，猶太人在現代國家中不太可能成為忠誠能幹的軍人，而多姆也指出，他們不足以擔任國家公職。兩人都把猶太人呈現為具有欺騙和犯法傾向的人。孟德爾松在引言中所透露出的訝異，更勝於所有私下和公開文章中所顯現的。他質疑基督教世界，以及在這個時間點對引導所企盼的，本質上改變的可能性。他也問，啟蒙運動能否革除對猶太人看法狂熱和野蠻的陳跡。

根據孟德爾松的看法，在以色瑞爾時代對猶太人可怕的中傷和孟德爾松時代對猶太人指控之間的比較，顯示了一場轉捩的開端。不過，這並非太大的安慰，因為至今猶太人依舊是侮辱和詆毀的目標：

過去人們費盡思量，做了若干不是使我們成為有用公民，而是成為基督徒的措施，而我們是如此頑強執拗，不肯改宗。單單這原因就足以讓我們被視為世上不必要的負擔，讓我們承擔所有惡人的暴行，並讓所有人的仇恨和歧視在我們身上得以展露。

孟德爾松繼續說，現在這些人更主張，猶太人不適合成為國家公民：

又把迷信和愚昧搬移到我們身上，認為我們缺少道德感、品味和優良的習尚，對藝術、科學和從事生產行業的無能（尤其是對於戰爭和國家的服務）；認為我們有著無法克服的欺騙、放高利貸和違法的習性等等。處處都是這種粗鄙的指控，把我們排除在有用的公民之外，從國家母親的懷抱驅逐。

孟德爾松又接著說，因為對猶太人的限制並把他們排擠到社會邊緣，猶太人當然完全遭到忽視：

人們繼續把我們跟所有藝術、科學和其他有用的行業、工作隔開；封閉我們所有通向有效力的、改善的道路。而進一步壓迫我們的理由，是因為我們欠缺文化。人們綁縛我們的雙手，卻指責我們不使用那些手。

至於宗教狂熱是否減弱的問題，孟德爾松格外表示懷疑。他認為，首要之務是讓廣泛加諸在猶太人身上的指控失去作用，以色瑞爾的辯護文經過一百多年依然有其重要性。孟德爾松以一種新的、悲觀的，讓直到十八世紀啟蒙運動尚未成功清除「史上所有野蠻的陳跡」的說法，得以廣傳。

即使到現在，在德國若干可愛的城市，儘管受割禮者已經為自己的信仰納了稅，在白天卻無法不受監視。人們擔心，他們會跟蹤基督徒兒童，或是在井中下毒。倒是晚上沒有人敢去監視，因為人人認為他們正和惡靈打交道。

就連十六世紀在布蘭登堡（Brandenburg）選帝侯國（一七零一年成為普魯士君主國）所形成最嚴重的反猶神話傳說之一，也有許多人信以為真。一五七三年，在造幣師傅兼司庫的猶太籍理波德（Lippold）被指控毒害選帝侯約雅幸二世（Joachim II.）並以殘酷的死刑處決之後，柏林及整個侯國的猶太人便遭到驅逐。孟德爾松說，根據資料證明，理波德跟選帝侯的死並不相干，而人們為了一份口供而加諸他身上的酷刑，無論如何都是不公正的。理波德的命運令人震驚。孟德爾松不加修飾地描述了處決時的殘酷刑罰：

> 「他身上不同部位被燒了通紅的鉗子擰掐了十次，接著在柏林的新市場上，在專為這次而搭建的刑架上，四肢被絞碾，劈成四大塊，內臟連同巫術書被燒去。」一隻出現在刑架下的大老鼠，這個沒人會錯認的魔鬼化身，為觀眾消除所有殘餘的疑慮，受刑者罪有應得。

所以猶太人被逐出柏林和布蘭登堡，其實是成見和迷信的產物，是無端嚴重指控的結果，而孟德爾松深信，這些卻偏偏烙印在德國人的集體記憶裡。他提出一項有關的證據說明，「即使在我們較順遂日子裡的啟蒙運動……也沒能深入到可以讓這種更加粗鄙的指控完全失效的地步。」孟德爾松這句話指的是，十八世紀三零年代出現在坡仁（Posen）對於祭祀殺生的誣告。當地有兩位擔任社群長老的拉比，在被指控殺害一名基督徒少年並把他的血用在踰越節之後，遭到逮捕和嚴刑拷打。孟德爾松寫道：「我不想用關於這場刑求的細部描述來擾動讀者的正常人類感受，那是極盡野蠻的最可怕刑求。」

孟德爾松問道，該如何療癒受傷害的心靈？能夠成功對抗粗劣的指控、「野蠻的法律」以及這整個由中古時代承續下來的黑暗、沉重、陰鬱的基督教遺毒嗎？談到這一點時，孟德爾松失望已極。即使截斷對猶太人偏見的根源，偏見依舊存在，可以憑空捏造。放任情緒對成見開放的人，不會充分注意對方的論點。所以啟蒙運動對固執人心的爭鬥或許意義不大，而且「理性和人道徒然地大聲疾呼，因為已經晦暗的成見並不聞問。」

孟德爾松的這些嚴厲話語，可能被合理解釋成，他在力爭宗教寬容的戰鬥中投降、撤退。在此同時，他卻又繼續編織他的夢想。多姆提議，國家應該採取措施「改善」猶太社群，並使其子弟配合有益公眾與正直公民的理想。相對於此，孟德爾松提出逐漸成為公民的另一個模式。身為猶太商人和紡織廠主管的孟德爾松，受到多姆的主張所傷害。多姆說，只要猶太人還集中在商業上，也就是不事生產時，就不會為國家帶來利益。孟德爾松卻提出另一個經濟理論，要跟國家集權的經濟和控管保持距離，提倡自由競爭、自由選擇職業和不受外界干預的活絡市場，並懂得重視所有內部有效運作的正面力量。

為了破除商人的負面形象，孟德爾松陳述了他們對國家的重大貢獻，也捍衛了猶太人這個最重要的業種之一：「一些在桌前思考或是在扶手椅上做計劃的商人所能創造的，基本上比製造最多噪音的工人和工匠還多。」要是沒有這種調控貨物交流的商人，整個經濟就會癱瘓，甚至沿街叫賣的猶太人也有很大用處：「從這個角度來看，這種最卑微的猶太生意人並不單單是消耗者，更是國家有用的住民（我不能說是公民），是真正的生產者。」孟德爾松認為，國家不應當介入人口發展的過程。多姆跟普魯士統治者一樣，擔心國家被多餘的、沒有帶來利益的人所淹沒。孟德爾松則加以回應，他反對控制性的人口政策，也反抗對社會弱勢者的歧視：

> 沒有哪個國家能夠在沒有明顯害處的情況下，剔除就算是人民當中最卑微、貌似最無用的人。對一個明智的政府來說，不會嫌棄哪個乞丐多餘，哪個殘障者完全無用。

孟德爾松所反對的，是一種嚴格控管遷移和居住權的僵化政策，該政策在普魯士更是毫不留情，嚴重影響猶太人的生活。在此他也抱持一種開明的態度，要求國家廢止任何介入和管制。他認為，人口變化就跟經濟活動一樣，屬於供給和需求的自然規律：

> 相較於擔憂人口過剩，當局因反對人口成長而施行的遏止措施，危害到居民的文化、人的天命及其幸福。人們應當信靠大自然明智的安排，順其自然，不以不合時宜的措施橫加阻撓。

孟德爾松的願景是，人們接受猶太人是猶太人，而不是以改變生活方式作為接受他們進入社會的先決條件。理想的融合過程應該是像以色瑞爾當時的荷蘭那般，以同樣開放的、人道的方式進行。先決條件是承諾不監管、不控制的自由：

> 最好的莫過於以自由、政府的寬厚、法令的公道，以及敞開的雙手來接受、保護不同的人，並讓他們對各自的服飾、言論、風俗習慣和宗教有自主權；正是

這些優點使荷蘭有這麼多福祉，這麼多善舉，並大受欣羨。

他的夢想是，現代化的中央集權國家越是多元，越能夠放棄追求形式與慣例（尤其是對猶太人生活的強烈干預），進行開明的猶太公民平權過程就越能成功。反諷的是，這種強烈干預正是多姆所極力建議的。

例如孟德爾松在給米歇里斯回信中所表達的憤怒是，米歇里斯並沒有談及「基督徒」和「猶太人」之間的宗教差異，卻使用了「德國人」和「猶太人」之間公民身分的區別。他深受傷害並寫道：

他看來並不打算單單在宗教見解方面做出區別，寧可把我們看成是外邦人，而必須接受地主開出的條件。……於是我也想要探討，這種地主和外邦人的關係要持續多久，幾千年嗎？難道不能為了人類及其文化的最高福祉，忘卻這種區別嗎？

孟德爾松認為，公民平權的第一步應該由國家跨出。國家應該廢除對猶太人的任何限制和歧視，而且不要求他們捨棄經濟上和教育上的特殊性。至於教育和文化方面的步驟，猶太人應當自己進行，根據的是，認識自己的一般狀況而做的廣泛改變，對他人所付出的「愛」表示感激，以及主動採納寬容的價值。想要成為受歡迎的公民社會成員，就不應該再仰賴社群自治。此外，應當有一種普通的審判權，法官（可以是猶太人或基督徒，都必須特別認真且正直）根據有約束力的準則裁定猶太人之間的糾紛。至於有人擔心，重回聖地的期待會影響猶太人對國家的全然忠誠（而這國家正是讓猶太人入籍的主要機構）。孟德爾松答覆道，生活條件本質上的改善，可以抑制這種對救世主的期待。他相信，公民平權和寬容將使得猶太人把這種期待限制在會堂的範圍內：

米歇里斯先生所擔心的，猶太人回到巴勒斯坦的期望，對於我們應有的公民作為一點影響也沒有。自古以來，在猶太人受到容忍的所有地方，經驗都教導了這一點。如果人對讓他感到舒適的、所愛的土地不特別熱心，如果他對宗教的看法受阻，而在參與教會及祈禱方式上有所克制卻不進一步思考，其實也符合人部分的本性。

對孟德爾松而言，開明且多元解放夢想的實現，也密切關聯到另一個有待克服的重大阻礙，那就是，猶太人對其自治社群團體的堅持。孟德爾松感到遺憾的是，多姆的方案卻剛好支持這一點。多姆雖然要求在經濟、職業和教育方面一系列深刻的改變，卻沒跳脫階級國家的既有架構，也就是國內的不同族群擁有不同組織的法律、立法權和本身的裁判權。當國家逐漸承認猶太人公民權時，孟德爾松認為仍然不足以打破，猶太自治組織的既有實務以及根據宗教律法的裁判權，而把禁異權（Bannrecht）也含括進來。畢竟，在基督教社會中也有排斥異端的可能。

孟德爾松認為，違反啟蒙運動的原則、宗教寬容的價值，以及違反他所夢想的理想國家中猶太人自由的價值，是一個不應有的狀況。「引進教會秩序，並得到不引起不悅的公民幸福，在我看來仍然是一個政治上需要加以解決的問題。」他在引言當中反對這種做法，主張從拉比領導階層手中撤除禁異權。藉由詳加推廣他的開明學說，他以明確的言辭反對政府的權威，以及不論是何種形態的，神職人員的權勢。

孟德爾松大膽挺身而出，和那些容許神職勢力的人以言辭論爭。這些勢力以威脅、放逐、譴責，以「懲戒或開革不服從者，讓犯錯或偏離者歸回正軌」展現其權力。孟德爾松的論爭顯示了他對這議題的極度關切。自從十幾年前跟拉瓦特辯論以來，孟德爾松就不再容許自己放縱而失去他著名的哲學家冷靜態度。而今，這個在他心中所燃燒的信念卻如同一陣吶喊般地表達了出來：

我不懂得任何與教義有關的，人和事的律法，而且……我最不懂的是，宗教所提供且適用於教會主張的律法和威力。……真正屬神的宗教不需要使用手臂與手指，宗教不過就是精神和心靈。

我們想抱持什麼心態來拒絕一位不同意見者、不同思路者、迷悟者或偏離者的加入，禁絕他參與這種啟迪的自由呢？……理性的禮拜堂並不需要任何緊閉的門戶；對內，沒有什麼需要收藏，對外，不阻擋任何人進入。

我絕口不提，與委託這種「排除法令」有關的危險，也絕口不提，禁異權在教會紀律和勢力上都避免不了的濫用。唉，幾百年內，人們還無法從鞭打所帶來的巨大痛苦中恢復過來！一旦虛假的宗教狂熱發現這條路暢通無阻，我看不出還有什麼辦法可以制止他們。

難道孟德爾松把自己看成是受到拉比們譴責的叛教者，就像是一百三十年前在阿姆斯特丹被革出教門的斯賓諾莎嗎？他是否把在禁異權看成是，即使在啟蒙時代裡也讓教士暴政永久化的門戶呢？他擔心個人思想自由受損嗎？他擔心「不干涉公民信仰和觀點的開明公民國家」的夢想會消失在空氣中嗎？看來，每個答案都和孟德爾松的恐懼相關，所以他才斷然拒絕多姆的部分方案，也就是贊成猶太社群自治的存續，而讓開除叛教者和異端的禁異權得以保留的方案。

不過，在引言的末尾，孟德爾松把國家和啟蒙運動成員所重視的，宗教寬容的話語也放到拉比身上。當布拉格和阿爾托納傳出有人威脅要查禁《註釋》的最新消息時，他感到非常擔心。寫出引言不久前，在柏林流傳的消息是，兼任阿爾托納、漢堡及凡茲貝克三個社群長老的拉比柯亨，已經把一名想要放棄猶太生活方式，並否認社群權威的猶太人處以所謂的「小開革」，而使得孟德爾松更加擔心。這件事經由一位優秀作家、啟蒙運動熱烈的捍衛者克蘭茲（August Friedrich Cranz）流傳開來，讓孟德爾松更感到為難。正當他為了基督徒應對猶太人展現宗教寬容而爭鬥，並致力於消除世上的成見時，一位拉比卻公然表露了猶太人的宗教狂熱，這是難以忍受的，在他眼中，這也是宗教權力不應該繼續施行的另一項證據。明顯地，拉比們沒有能力達到啟蒙的要求，也做不到宗教寬容，這令孟德爾松非常尷尬、困窘。

可以確定的是，孟德爾松必定不期待國家當局介入這件事，或是透過法令使拉比們的權威失效，因這做法會和他不斷反抗國家干涉公民平權的發展過程相違背。不過，他仍舊再次提出自願放棄「宗教和會堂紀律」特權的願景。這願景或許不過是單純的心願，而且很可能無法實現。

孟德爾松以對拉比們扣人心弦且感人的呼籲，結束這篇引言。他編織猶太人融入啟蒙運動文化的另一個夢想，希望猶太社群轉變成一個「沒有受壓迫的成員」，也「沒有壓迫人的權威」的開放團體。孟德爾松呼籲猶太領導階層自動放棄「報復之劍」，「只有瘋狂的人才相信，可以使劍而不自傷」。他補充道，在過去，也就是基督徒宗教狂熱，以及大舉迫害猶太人時代的拉比們，有可能在行使權力時找到某種補償。可以想見，可憐的受害者借用壓迫者的方法來對付比他本身更弱的人：「報復會找尋它的對象，當它找不到時，就會啃噬自己的肉。」拉比們可能像世上所有民族那樣「受到妄想的誘惑」、「宗教只能透過鐵一般的權力來維持；福佑的教義只能透過沒有福佑的迫害來傳揚」。不過，到了啟蒙運動和宗教寬容的時代，應該遵循更好的典範。在邁向擺脫外在奴役的今天，也是放棄自家奴役特權的時候了：

各國相互寬待和容忍，也讓你們彼此看到從支持者而來的愛與不作歹，受支持者引導人心，直到滋生出真正的博愛。我的弟兄啊！如同你們過去遵從恨的典範，今後開始遵從愛的典範吧！……去愛，於是你們就會被愛！

猶太宗教領袖會把穩坐的樹枝鋸斷，自願放棄自己的權力和權威嗎？他們會自動解除傳統社群的自治管理和統治機制嗎？根據歷史，相對於孟德爾松的這個願景，現代化中央集權國家以控管制度介入，正是削弱猶太自治的主要因素。國家越是出於效率和鞏固主權的理由擴大在裁判、司法和徵稅方面的權限，猶太傳統領導階層的權力也就越弱小。孟德爾松相當了解這一點，也覺得，猶太生活方式需要重新塑造，並因應當代的情勢。他看到舊有社群組織的衰落，卻無法讓更多人了解，改變的措施應當從內部開始做起。

當「猶太問題」在開通的學者和文人，乃至政府高層圈子裡受到熱烈討論的那些年，孟德爾松的反應顯示了他對公眾意見變化有多麼敏銳。這位只想把自己看成是被動觀察者的知名猶太哲學家，在一七八零年代發展出極大驅動力的公開討論當中扮演了關鍵的角色，並在許多當代人眼中理所當然地成了猶太人的代言者。出於他手筆而出版的每句話，都會在密切觀察他、評斷他理論的有教養公眾的心目中，占有一席之地。

孟德爾松並不會對公眾隱瞞代表著啟蒙運動價值觀的，新穎且令人震驚的話語，並要求尤其是對於關乎猶太人在國家地位中的所有事務，做出合乎實際的結論。不過，他也很懂得估計過去晦暗、沉重積澱的力量，包括成見、反猶刻版印象、猜忌和基督教的狂熱。他也呼籲他的基督徒讀者，重新審慎思考對猶太人負面的、深植於他們集體記憶中的刻版印象，並進行反省。這篇一七八二年發表的〈引言〉顯示，這位柏林的開明猶太哲學家多麼樂於看到啟蒙運動的全面勝利，卻也對這可能性抱持懷疑。正當基督和猶太啟蒙主義者圈子中的樂觀主義增強之際，孟德爾松內心卻出現不少憂懼。他對啟蒙運動、人道主義、寬容和博愛的夢想，不斷受到噩夢的攪擾。這些噩夢和宗教狂熱、根深柢固的成見、迫害和抵制等等，都有關聯。而他內在的心情也跟著外部的情況一樣出現變化，歷經種種高低起伏。

07

耶路撒冷——邁向公民幸福之路

一七八二年間，由於威則立的論爭，猶太輿論界發生了一場風暴。孟德爾松戰戰兢兢注意著這場嚴峻挑戰他對宗教寬容信念的事件。在這一年，威則立發表了〈和平與真理之言（Worte des Friedens und der Wahrheit）〉的公文，引起拉比精英們的恐懼與驚嚇。對於奧地利國王約瑟夫二世的寬容法令，威則立的反應不同於孟德爾松的中庸和保持距離，而醉心於如今為猶太人所開啟的，充滿史無前例可能性的展望。在威則立看來，「猶太問題」的重新討論、歐洲啟蒙運動的擴展、多姆對在一些國家裡猶太人公民地位改善的建議、由約瑟夫二世所頒佈猶太教育制度的改革，以及經由《註釋》計劃和柏林新式學校的設立，而在猶太教內部所表露的開端，這一切全都指向一個值得令人歡欣的目標。他認為，不再有任何事情會一如往昔，因為猶太人對基督徒、對現代化國家和仁慈君主的關係，都出現了歷史性的轉折。威則立認為，今後不該再消極，應當有所行動。他呼籲社群長老、拉比和那些關心自己民族命運的猶太人，敦促他們支持奧地利國王的要求，尤其要自動創設一個改良的猶太學校制度。

在〈和平與真理之言〉當中，第一次有了猶太啟蒙運動的綱領。在其中，威則立構劃出有著平衡教學計劃的現代猶太學校細緻草圖，把宗教課程（他稱之為「神的學問」）跟自然、人文科學以及外語等等一般學科（所謂「人的學問」）聯繫起來。他要求教師的專業化以及課程架構、班級和教科書的改革。不過，威則立並不只滿足於這個擘畫，而把他建議中、小妥拉學校傳統教育制度應做的改變，和世界應當有的，使猶太人在國家、社會中有個適當位子的普遍觀念聯繫起來。威則立認為，在一個已啟蒙且寬容的歐洲所拓展出的新條件，為猶太人打開了一個足以營生的、新的可能性，也改變了思想和社會關係。威則立理想中的猶太人，從此能夠且願意不僅僅是虔誠、忠於傳統且跟社群相聯繫，更是積極參與的公民，和能夠享受自己生活的快樂人。他在〈和平與真理之言〉當中，為猶太教育和教養構思了新的執行程序；除了宗教課程之外，更應當涵括人文和科學的學科。他嚴厲批評教師們低落的素質，工作只侷限在宗教知識的彙編等傳統教育及其缺失。他要求立刻開發出符合新秩序的新方法和措施。

在沒有充分意識到自己的話有可能造成影響的情況下，威則立在一七八二年引發了一場意義重大的辯論風暴，並宣告一段歷史時期，也就是猶太「近代史」的開端。他表述了一位猶太人新式的理想，在這理想裡，個別的和普遍的相互融合，並塑造個人的世界和生活；亦即，猶太人同時是人，也是公民。威則立認為，拉比精英已經不再適合規定猶太社群的生活方式。

· 威則立〈和平與真理之言〉的封面，一七八二年出版於柏林

在〈和平與真理之言〉當中，產生了要求廣泛文化改變的現代猶太人自我意識，這種意識後來成了許多追求改變運動的原動力。而威則立的努力也同樣重要。他想透過〈和平與真理之言〉動員猶太公眾支持這個猶太啟蒙運動的初期綱領。一些為首的拉比很快就發現到，威則立正在動搖他們的權威，並對這種狂妄反應激烈。身為領導階層代表的拉比們，手上握有數個世代以來帶領猶太人民的唯一權利，難以忍受一名與之對抗知識分子的出現。領導拉比們，包括布拉格的藍道以及波蘭西部里薩（Lissa）的納坦（David [Tevele] ben Nathan），都發表了嚴重抗議的講道。他們以激烈的言辭指責威則立，批駁他的狂妄，並訴諸猶太公眾，咒罵這人的放肆，竟敢在沒有拉比權威的情況下提出別的教育方法。他們強烈警告威則立對傳統妥拉課程的攻擊，呼籲眾人唾棄他。威則立後來用一連串公文為自己辯護，並努力尋求義大利溫和派拉比的支持。而藍道則設法把所有抗拒這種威脅他們地位的拉比們，聯結成一道寬闊的陣線。

孟德爾松並不懷疑威則立的善意，也贊同〈和平與真理之言〉當中改善猶太教育方案的規劃和目標。雖然他跟猶太啟蒙主義者的革命性思維方式保持距離，也不參與起草動員猶太公眾的綱領，不過，這場透過社群而很快擴大成猶太文化鬥爭的風波，卻令他感到憂心。幾個星期之前，他才在為以色瑞爾《拯救猶太人》所寫引言的結論中表示，希望拉比精英們可以按照宗教寬容的原則，且在意識到時代變遷之下，自動放棄其懲罰特權。現在這場威則立論爭卻也讓非猶太社會所知悉。根據傳聞，有幾份〈和平與真理之言〉被燒毀，作者受到威脅。有人對柏林拉比雷文施壓，要他採取懲罰措施，必要時甚至把威則立驅逐出境。

這一切使孟德爾松不得安寧。這次整個猶太社群都以啟蒙運動的理想來衡量，該理想卻似乎遭受了苦澀的失敗。威則立所受的壓迫並不符合啟蒙運動的基本價值。事件之初，孟德爾松就在給弗利連德的一封信中，滿腔怒火地提到拉比們粗鄙的不寬容。他急躁且憤怒地問道：「姑且不論其他，也完全不探究誰是誰非，我只指出這一點提供思考：基督徒對這件事會怎麼說？當我們對作家採用這種暴力而阻止他們拓展自己的想法時，別人對我們會怎麼想？」他認為，威則立論爭在當時是相當重要的輿論，卻演變成一場挫敗。孟德爾松所奮力追求的，是讓啟蒙運動的主要觀念，自由和寬容，也能出現在猶太人身上；結果是，猶太人自己違背了這些價值。孟德爾松在一封信中寫道：「在我們尊貴國王的土地上，不論受過或未受過割禮，只要能夠提筆寫作，每位文人畢竟都盡可能地享有自由」，所以不應該正巧是猶太人在限制這種自由。他想跟雷文拉比見面，就這件事勸告他，而不打算跟他對抗。如果有人可以對雷文指出，在面對其他社群的拉比同仁所施加的壓力時，以在德國所有人都享有的言論和出版自由的權利加以回應，應該比較好。

論爭的整個過程中，孟德爾松在幕後極力支持威則立，好讓他向來在自己作品中苦心經營的，追求並實踐寬容的猶太民族社群形象，不至於受到太大損害。他請求第里耶斯特（Triest）的猶太社群幫助威則立，爭取該社群拉比的支持。這些拉比以其對一般學科和外語相對溫和的態度而知名。孟德爾松在私人信件中嚴厲譴責那些對威則立進行報復的「無理者」，並表示，他擔心這可能導致基督教界對整體猶太人的毀謗。孟德爾松當時對第里耶斯特社群的秘書賈理克（Joseph Galico）吐露：「上主知道，我的心有多麼糾結。」他哀嘆所發生的不公義，並對沒有能力承認領導猶太社群的方式已經失敗的拉比們，做了清算：

> 現在請看我的摯友威則爾（也就是威則立），願他長壽，他在所有敬神者之間聞名，他們重視他的名字。他因著他的書而受到喜愛，對於妥拉、智慧、敬神和博愛都有充分的理解。他所有的書都可以證明，他向來走正路，不會因逃避

而走上歪路，他在言論上和行為上一向如此。現在他稍稍振作起來，加強軟弱的手臂，用和平和真理的話語，喚醒懶散昏睡的人。然而卻有一群懷恨的人起來反對他，使他的生活痛苦，不得安寧，彷彿他，上帝保佑，誘惑整個以色列社群，使他們離開了天上的父。那些左右不分的無理者的愚行或是同謀者的惡毒，到了這般地步。他們炫惑人們的雙眼，因為這些人們看到他們的缺陷，更從中看出他們的墮落。

幾乎一開始就很明顯，威則立論爭大大超越了有關猶太教育制度單純的意見差異，成了想要保有自己優勢地位並享有權威的拉比，以及猶太作家和知識分子新精英之間危機的引燃點。威則立在他第一批辯解的努力當中，引用了孟德爾松在《拯救猶太人》引言中呼籲拉比們自動放棄懲罰權的言論。這一點並沒有對拉比們隱瞞，彷彿孟德爾松因著威則立而必須為自己不妥協的態度付出高昂的代價。藍道拉比寫信給柏林的雷文拉比說明，孟德爾松給所有懷疑他對猶太教忠誠的人提供了確鑿的證據：

先前我們對這個人（孟德爾松）的所有指責，我現在都得到了確證。他親自宣佈，他對以色列的神及其妥拉沒有半點參與。他不僅拓寬了人人可為所欲為的道路，更把自己的話印成外邦人的語文，並批鬥君王身邊的猶太學者。

這些苛刻的言辭很可能不是對外，而是一直侷限在拉比聯絡網內部的書信往返裡，沒有人敢公然討論這個議題。在某些拉比內部的傳統當中，有幾個世代把孟德爾松看成是葬送拉比權威的危險異端。在威則立爭論的高峰期間，知道有這種對他持負面看法的孟德爾松，即使是面對針對他而發動的攻擊也不害怕。他對事情嚴重後果的擔憂，以及對自己寬容信念動搖的恐懼，使他成為有行動力的人，同時也加深了他對威則立的壓迫者們所顯露出來的宗教狂熱，感到厭惡。

此外，孟德爾松也和弗利連德、易奇熙及柏林其他社群領袖相互聯合。他們寄了一封嚴正的信給理薩和坡仁的社群，談到他們的拉比所提出開革威則立的威脅。孟德爾松及其戰友們抗議這些拉比對一名柏林社群成員的惡劣攻擊，並提出最後通牒，要是社群長老們再不讓他們的拉比靜默下來，並要求他們公開道歉和撤銷他們對威則立的威脅，就會有人請波蘭當局介入這事件。「我們會立即動用所有的力量，來保護我們的夥伴不受對方的逼迫。」七位簽署這封信的柏林人如此寫道，並補上一句威脅：「誰知道還會發生什麼事……」

除了孟德爾松，柏林社群經濟、知識精英代表們史無前例的參與，更加深了開明猶太人和拉比領導陣營之間的分界。這件事越深入基督教輿論界，讓人對一般猶太人聲譽大受損害的擔憂也就越深。孟德爾松相當參與了這項提議，也不排除以警察來對付這些狂熱的拉比。從威則立論爭的結果來看，孟德爾松的擔憂確實有所根據。對於抱著興趣，密切注意前陣子在猶太社會內部所發生事情的非猶太輿論界代言人而言，拉比們的行為可說是某種試金石。他們問：難道這不是猶太人宗教寬容原則有所缺失的確鑿證據嗎？這些缺失難道不正表示一種嚴肅且深刻的矛盾，亦即孟德爾松式世界觀的徹底失敗嗎？

不難想像，一七八二年夏天，作家兼諷刺文作者克蘭茲幾乎同時刊出兩篇有關猶太人翻騰情緒的文章時，這件事必定已放入其中。第一篇，他為公眾批判性地描述了威則立論爭，強調當中的宗教狂熱、對無辜受害者的壓迫，以及發生在其中的不公義。第二篇文章，他批評了孟德爾松為以色瑞爾《拯救猶太人》所寫的引言。克蘭茲在一年前才讓孟德爾松感到難堪；他揭發了掌管阿爾托納、漢堡和凡茲貝克等三個社群科亨拉比的詭計。科亨對付了社群裡一名在生活變遷中偏離了執守傳統社群規範的猶太人。克蘭茲用這兩篇文章把孟德爾松逼入絕境，而在拉瓦特事件十三年後，他又面臨了必須設法辯解的壓力。孟德爾松寬容的世界觀再度受到嚴厲的批評，該批評又在當時的事件中得到額外的養料。既然有拉比對威則立進行充斥著宗教狂熱的鬥爭，那麼孟德爾松主張的「猶太教在信仰和信服問題上拒絕任何強迫」要如何自圓其說呢？

在孟德爾松看來，一七八二年六月因著克蘭茲而產生的公開挑戰尤其令人難過。在拉瓦特事件的傷痕仍隱隱作痛時，克蘭茲匿名發表的一篇短文〈給以色瑞爾的奇異引言誘發出探討一封給孟德爾松先生信中的光照與權利（Das Forschen nach Licht und Recht in einem Schreiben an Herrn Moses Mendelssohn auf Veranlassung seiner merkwürdigen Vorrede zu Manasseh Ben Israel）〉，正好擊中他的傷處。孟德爾松在一場私下談話中對耶穌的品德正氣做出表示時，拉瓦特發現了他在話語中的弱點，而克蘭茲則設法動搖他對猶太教的堅持，以他在「引言」中對宗教強迫的駁斥，反用在他自己身上。「現在我幾乎要屈服於誘惑，而希望拉瓦特以他相當隆重的懇求方式，再度引起一場風暴，使您成為改宗者，或是刺激您去反駁一種在您看來既不想接受，且就您的考量而言也不能接受的宗教。」

為了排除任何錯誤，克蘭茲不像拉瓦特憑著宣教熱忱而行動。他基本上是個自然神論者，嚴厲批評各種宗教狂熱，強烈支持猶太人的權利，並拒絕對他們的區隔和歧視。他又是孟德爾松熱烈的讚揚者。在孟德爾松過世之後，克蘭茲寫文章談到：「他自始至終都是真正的猶太人，而且愛基督徒，也為基督徒所愛（只限於認識他名字的各民族當中最高貴的基督徒）。因為他是個太好、太高貴的人，以致於自己究竟是猶太人或基督徒已不重要。」克蘭茲希望孟德爾松可以和他一起對抗迷信、教會勢力和宗教強制。所以他認為，孟德爾松應當跟猶太人的狂熱保持距離，摒棄自己堅持「祖先宗教」的意圖。孟德爾松和啟蒙運動理想的這層關係，已不同於當年跟拉瓦特的對抗。這一次並不是要重新開始另一層面的猶太教和基督教論爭，而是全面考驗猶太教是否能夠重視克蘭茲和孟德爾松兩人所擁護的啟蒙運動基本原則。

不過，這卻掀開了孟德爾松的舊傷口。他認為，當年眾所周知拉瓦特事件的賬單一直尚未清楚結算。他的每一句話會再度遭到監控，人們會逮到其中的弱點，逼他入絕境，迫使他即使不在猶太教和基督教之間，也必須在猶太教和啟蒙運動之間作抉擇。整個情勢的反諷之處就在於，孟德爾松的世界觀裡，宗教是個人的私事；他也費了相當的哲學思考工夫，設法鬆動宗教跟國家或是社群之間的聯結。但人們卻偏偏要求孟德爾松就他的宗教觀做出公開的辯解。孟德爾松不得不再度體認到，他必須為自己的聲望和公眾地位付出高昂的代價。克蘭茲以一種對孟德爾松而言，粗鄙而不加修飾的方式指出這一點：

在您跨出這長久以來的第一步之後，公眾便很有理由期待能夠讀到，您解釋如何協調自己和祖先宗教之間如此重大的偏異，或說出緣由，為什麼要對真正的基督教以及公開過渡到基督徒的信仰加以抗拒。

克蘭茲認為，猶太教，特別是拉比的宗教律法，建基於禁令和懲罰的制度。大離散時期的猶太人不能夠運用他們的律法重罰背教者的事實，是歸因於政治的理由，而不是宗教的原則。所以，如果孟德爾松摒棄實施懲罰的宗教權威，他要如何堅持自己祖先的宗教，卻又同時撼動其結構？克蘭茲把摒棄禁異權看成是孟德爾松實際替換其祖先宗教的辦法：

我敬愛的摩西先生，您在奇特的引言當中，拆除了這個最後的特殊信仰基石。您以枯燥的語詞剝奪會堂最初的力量，褫奪它的權力，因為這權力竟然把偏離祖先信仰者排除出聖者的社群，以放逐和詛咒抑制異端，並把他們的名字從神聖的以色列民族剷除出去。

克蘭茲接著指出，孟德爾松應當承認，猶太人下層社會的地位不僅歸因於基督徒的成見及其對猶太人殘酷的行為，更歸因於猶太教的律法。律法永久規定了隔絕，阻礙了對公民生活的參與，這一點便在例如遵守安息日的法規上表現出來。若是孟德爾松仍舊認為實現啟蒙運動的理想值得奮鬥，若是他想堅決成為去除神職手中權力的代表，而且對解放猶太人的進展感興趣的話，那麼應當再走下一步：「被看成是啟示的教權律法，如果屬於猶太教的必然本質，那麼我們就有理由懷疑其他受啟示的一切。可是您，我最敬愛的孟德爾松先生，卻在此情況下悖離了您祖先的信仰；其實只要再一步，您就成為我們真正的一員！」克蘭茲在文章末尾提出另一挑戰：「您藉由詳細的解釋，不但貢獻您的所有，為您的族人解除若干強制，將他們塑造成更自由的人，透過同夥情誼結合另一批夥伴，並且比以往更進一步，把這些已經伸出手的夥伴視為近人與弟兄，帶領信友們更加接近我們，或是透過清除我們的過錯，讓我們更加接近您。」在克蘭茲看來，廢除宗教的誡律和禁令是邁向實現啟蒙理想道路的先決條件。他籲求孟德爾松跨出革命性的一大步，擔任領導者的角色，把他的信仰夥伴納入啟蒙運動的計劃。

不過，孟德爾松根本不想為這個公開呼籲承擔後果，或是像克蘭茲所建議，為猶太人指出公民幸福之路。到了九零年代，也就是孟德爾松過世之後，相對於廢除宗教的誡律和禁令，同等地位是激進知識分子和自然神論者（例如弗利連德或本大衛，Lazarus Bendavid），在猶太和基督教公眾當中尋找並有意推行的觀念。不過，孟德爾松的猶太教觀念當中，宗教法規仍然扮演關鍵角色。在克蘭茲的挑戰之後，一七八二年底孟德爾松開始撰寫《耶路撒冷》一書，為公民幸福構劃了全然不同的道路。根據他的願景，唯有國家領導、宗教領袖和拉比們內化宗教寬容的理念，才能夠在現代社會的條件下保障猶太人的生存尊嚴。

《耶路撒冷》也跟〈致拉瓦特執事先生的信〉一樣，是出自情感的劇烈風暴、出自受傷的靈魂。起初孟德爾松似乎並不知道〈對光明和權利的探討〉作者的真實身分，以為是當時在奧地利行政機關擔任重要職位的松能費爾斯（Joseph Freiherr von Sonnenfels），所以把這篇文章看成是國家和教會當局的公開表態，揭開國王寬容法令的政治企圖。他的感覺明確，他寫道：「這篇異議衝擊人心。」

因此，在《耶路撒冷》裡發響的也就是失望的聲音。他扔下一切，而不得不埋葬可能的平權希望的時刻到了。這希望在雷辛、多姆和約瑟夫二世的表態之後，曾經存在過一段時間：「如果為了達到公民結合的目標，而必須規避我們有義務遵守的律法，那麼我們會對已說明為必要的一切感到非常遺憾，也因此我們不得不放棄公民結合。」解放，亦即猶太人從政治壓迫中解脫，並不是對一定代價做出交易，因這違反了啟蒙運動的原則。

《耶路撒冷》也跟先前的文章一樣，不是按照預定計劃的撰寫，而是出自強制和必要性；這本書是在壓力和感到別無選擇的情況下成形。孟德爾松表達感受，他寧可在他處，也或許是寧可在私人範圍裡參與他理念的學者和哲學家面前，而不是在大庭廣眾之下，不是在不斷批評、質疑和期待的砲火中，表露自己的想法。

當明白自己必須答覆所有想要從基礎動搖他世界觀的人之後，孟德爾松便盡其所能證明自己的正確性。他可以指出猶太教如何才能參與啟蒙運動，也可以消除自己人生中兩種基本法則之間的表面矛盾，也就是，他對猶太教和啟蒙運動理性觀責任的表面矛盾。迫使他就猶太人和宗教寬容問題做出明確答覆的，不只有那位在匿名保護下行動的克蘭茲，就連全程注意威則立論爭的好友們，例如亨寧斯，也非常失望地寫信告訴他：

> 舊約聖經故事充斥著猶太人少有寬容的證據，卻推托為仁慈的神性所為。這就違反了我自己對非常神聖事物的敬畏，而無法為「把流血和殺害推諉給永恆世界之父」的罪行請求原諒。

亨寧斯甚至提出一個和克蘭茲想法非常相似的建議：

> 我們為什麼需要猶太教或基督教呢？我們擁有所有宗教共通的教訓，以及所有教派所不得不承認的健全理性。我們越是擴大這種根據或教訓，就越能確切地

加強容忍。容忍一旦少了這個普遍的啟蒙運動便不斷處於危險當中，被偏頗的毒素所感染，證明更多的愚頑而非真理。若是基督徒和猶太人都丟棄尚未做到的向上帝祈禱的不同路徑與方式，而在對唯一真神的禮敬中合一（這也是猶太人祈禱的意向），那麼我們就得從中找尋自己的首要關懷，以最大的敬畏來事奉上帝，也就是效法祂的善和愛，而不是憑藉我們值得驕傲的見解，認為自己優於他人，優於在迫害的壓力下，借著痛苦而比壓迫者更能夠榮耀上帝的人。

另一種對手就是來自柏林的隨軍牧師謀歇爾（Daniel Ernst Mörschel）。他在克蘭茲的冊子中添加了一段結論，主張，孟德爾松堅決抗拒宗教強制，在他看來無非就是個自然神論者，也就是啟示宗教的敵人。「甚麼事情阻止了您向世人自由地承認：我是猶太人、我是基督徒，或者我兩者都不是呢？」孟德爾松陷入了困境。拉瓦特曾引發虔誠基督徒的願望，他們希望孟德爾松最後見到光明並改宗。恩登拉比私下告知，背後謠傳，孟德爾松跟猶太教的關聯相當微弱。藍道拉比懷疑他是異端，而克蘭茲則要求他承認自然神論的原則。越是質疑他對傳統猶太教的忠誠，受了啟蒙的公眾就越要求他公開表白。

根據史家麥爾（Michael A. Meyer）的說法，《耶路撒冷》首先是本個人的辯護書，孟德爾松以此捍衛自己的生存和人生目標。在他過世三年前所寫的這本書，無疑是孟德爾松最重要且帶給數個世代最深遠影響的作品。為他作傳的阿特曼指出，這是孟德爾松在生命大門關閉之前最後一刻所能寫出的書，他盡全力表露了自己的人格。《耶路撒冷》也是唯一一本給孟德爾松帶來經濟利益的書。他的兒子約瑟夫寫道：

……這是蒙主佑的家父親口告訴我的。從早期直到一七八三年的書寫，他不曾從出版商得到稿費，出版先生們只是偶爾會送幾本好書作為禮物。當時自行創業的年輕書商毛勒（Maurer）出版了《耶路撒冷》（一七八三年，也就是家父過世前三年），並以一百路易金幣的稿費帶給他驚喜，這就是他在寫作生涯當中唯一收穫到的黃金成果。

孟德爾松在大約八個月之內，也就是一七八二年夏末到一七八三年春初寫了《耶路撒冷》。寫作期間，他腦海裡不斷出現克蘭茲嚴厲且堅決的話語：「可是您，我最敬愛的孟德爾松先生，卻在此情況下悖離了祖先的信仰」，這句話更加鞏固了他堅守猶太教的決心。然而讓他明顯看到出自猶太人本身一連串宗教狂熱的危害，且強化他開明態度的威則立論爭，卻不斷迴盪腦際。在孟德爾松開始寫作《耶路撒冷》期間，柏林社群發生了動盪，他們的拉比雷文放棄自己的職務，偷偷逃出柏林，因為他再也無法承受在威則立論爭期間各方所加諸他的壓力。就連這不尋常的一步，也間接和克蘭茲有關。在雷文拉比所留下的辭職信中，最令他憤慨的是，克蘭茲在柏林社群的支持下背棄了一般公眾的論爭，而給猶太人帶來恥辱。

如同洛克在歐洲有關宗教寬容的討論中成為原理文本的〈論寬容書簡〉（A letter concerning toleration, 1689），大約一百年後孟德爾松的《耶路撒冷》也成為猶太啟蒙運動最重要的書，以及猶太人探討當時猶太集體身分及其存續條件的起點。在猶太內部的爭論方面，這本書盯隨兩個目標，再度強調，拉比精英以暴力強迫信徒順服的代表權應當撤銷，並論證，「猶太人有義務繼續持守猶太律法」，且這義務完全可以跟宗教寬容原則相協調。

在國家和教會關係的核心問題上，孟德爾松沿用了洛克的概念，把兩種機構不同的責任範圍加以劃分，卻跟洛克激進的解決辦法保持距離。洛克的主張是，良心自由唯有透過分離國家和教會才能夠確保。然而使得孟德爾松不得安寧且窄化「公民生活幸福」觀的惡魔，比起洛克的激進作為還要更多。他的開明解決辦法想確保的不單單是個體自由，更有社會上的道德穩定。

孟德爾松標舉出威脅人類和平的四大禍害，這些是：踐踏人的天賦權利和扼殺自由的暴力統治；分裂國家中自由不設限的民間無政府狀態；培養偏見、偽善、構陷、教士陰謀和迷信的宗教狂熱；以及葬送道德的無神論。他認為，宗教態度也會影響公共秩序，所以國家不能完全置身事外而逃避責任，其公民應當至少持守自然宗教的法則。孟德爾松指出：「當任何公民社會既不讓狂熱也不讓無神論扎根、擴散，該社會就是在行善。國家軀體久病虛弱，有可能是受到癌病侵蝕或遭到高燒吞噬。」對於「背教者可不可能是一個道德人」問題的哲學探討，孟德爾松的觀點很明確，即，要是少了對神、天意和賞罰原則的信仰，任何建立在正義、忠誠和道德上的公民社會都無法存在。所以國家的某一部分大體上由教會控管時，國家便不得不有所介入，即使這介入是如何稀少。在他看來，在無常短暫以及追求永恆的志趣之間做截然分別並不正確；畢竟國家也有確保人民幸福的義務。

國家要謹慎地以明智的適當節制普及教訓，國家真正的幸福取決於此，而不是直接介入某一場爭論，並企圖透過權威來評斷，因為一旦禁止探討，或是不以理性裁定爭執時，顯然就違反了自身的最終目的。

不過，有關拉比階層能否執行強制措施的問題，孟德爾松也在《耶路撒冷》當中採取激進且毫不妥協的立場。基本上他致力於分離國家和教會，廢除國家公民權裡，以宗教屬性作為決定性因素的一切，並削弱教會的權力。在他看來，國家和宗教之間存在著重大差異，「國家禁止並強迫，宗教訓導和說服；國家頒佈法令，宗教頒佈誡律。國家掌握有形的力量，並在必要時加以運用；宗教的力量是愛和善行。」宗教和強制權彼此矛盾，為宗教寬容原則的真實鬥爭裡，應當運用全部的力量和決心抗拒教士的要求，反對所謂信仰團體成員的權利。開明的孟德爾松在此再度表明立場，他憤怒而難以自制地反擊律定意見與信條、反擊排斥宗教偏離，也反擊以開革作為處分的任何嘗試：

神的宗教和所有這一切相去甚遠，跟行為的關係無異於跟信念的關係，因為神的宗教只把行為看成是信念的標誌。神的宗教是一位道德人，不過他的權利卻不懂得任何強制。他不以鐵棍驅策，而是以愛的繩索引導。他不抽動復仇之劍，不提供一時的善，不以世俗的善評定權利，不以情緒衡量外表的暴力。他的武器是根源和傳承，他的權力是真理的神聖力量，他對於懲罰的威嚇好似獎賞，是愛的效應，承受愛的人是健康且慈善的。……國家有時會允許的開革和放逐權，直接違背了宗教的精神。

孟德爾松以對讀者強調的語氣，表達了自己普世的思維態度：

各位讀者，無論你表面上隸屬的是教會、會堂或清真寺，不妨探究一下，你在一群被放逐者中難道不比在為數眾多的放逐者當中，更容易遇到真實的宗教？……城裡一位可敬的修道院長說，排除一位異議者，把一位異議者逐出教會，相當於禁止一名病人上藥房。

問題是，在愛好自由和寬容孟德爾松的堅決意見發表中，能否找到足以證明克蘭茲的主張是正確的證據。宗教的這種呈現難道不正像克蘭茲對孟德爾松的批評，顯示出跟猶太教鮮明的對比嗎？「我敬愛的孟德爾松先生，當您駁斥由摩西頒佈，以天啟為依據的教會權時，還能堅持您祖先的信仰，並藉由清除其基礎來動搖整座建築到何等程度呢？」孟德爾松答覆道，斷言他將毀滅自己宗教的說法是莫須有的，不但傷害到他個人，也違反了學問探討的所有規則。不少猶太人把猶太教看成是建基於強制、懲罰和嚴厲教會權的宗教，確實無法爭辯，然而這並不是他所認識的猶太教。一旦孟德爾松也有了這種見解，該見解和他理性之間的衝突將使他成為懷疑者，迫使他靜默。

於是，孟德爾松跟例如里薩的納坦，阿爾托納、漢堡和凡茲貝克的柯亨等拉比本身，以及他們在威則立論爭中的舉動，保持距離。在他們回應中所表現出來的宗教狂熱，並不呈現出「真正的」，亦即其本質是朝向寬容的猶太教。在孟德爾松家中客廳跟客人所進行的對話當中，對當時猶太教的處境時不時有進一步的批評。至於對克蘭茲「皈依基督教可否是解決辦法」的問題，孟德爾松則提出具嘲弄意味的回答：

> 要是基石脫離，並對我房子的穩固造成威脅是真實的，那麼把家當從最底層搬到最頂層算是妥善嗎？我會比較安全嗎？如您所知，基督教建立在猶太教之上，猶太教一旦崩塌，基督教一定也隨之垮成一片。

這就是《耶路撒冷》的核心。孟德爾松清楚明白地界定了猶太教的特性，及其跟基督教之間的分野。「總而言之，我認為，猶太教並不了解任何像基督徒所採用的那種啟示宗教。」基督教有義務相信透過聖經流傳下來天啟中的教訓。猶太人則有義務遵守上帝在西奈山上降賜給以色列民族的律法。這種律法同時也是天啟的，綿延不絕傳承鏈的基礎和開端。為了確保宗教原則，摩西律法既沒有強制，也沒有懲罰的指示，所以這律法可以和崇尚人類自由的開明觀念，也能和對宗教強制的唾棄相互調和。

根據孟德爾松在跟拉瓦特辯論時就已出現的世界觀，自然宗教（「永恆真理」）的基本原理，上帝、天意和靈魂不朽，是普遍存在且合乎理性。任何人都能藉由神所賦予的理性思維和自然觀察等工具，而不需要透過神啟以及信仰導師的指引，來承認這些原理。不過，其實是基督教本身受到限制，也和猶太教、基督教數代以來爭執不休的論點相抵觸，因為基督教傳揚的是違反理性的信條，且宣稱唯獨基督教才有靈魂救贖。相對地，猶太教並不要求違反理性的信仰，並表現出寬容，因為猶太教並不向世上任何人否認獲得拯救和幸福的可能性。在《耶路撒冷》當中，孟德爾松以清楚果斷的話語，表達了這個基本概念：

> 然而，所有這些傑出的原理都可以認識和思考，而不須勉強相信。在所有摩西律法的規定和教令當中，沒有「你應該相信或應該不信」，全都是「你應當做或應當不做！」信仰是不受命令的；因為信仰除了心悅誠服地走向它的道路之外，並不接受任何命令。

孟德爾松指出，猶太教對信條沒有約束力，也不要求人發誓遵守。雖然在中古時期，有一系列像麥蒙尼德的思想家提出過不同的信條，卻都不曾在任何時期成為義務。所以猶太教的特殊性，在於天啟的律法以及實際的宗教誡律和禁令。這一點放入孟德爾松寫作《耶路撒冷》的歷史背景當中，並不只呈現了神學思想，更是表達了他受爭論也引發爭論的世界觀。孟德爾松給這本書取了象徵性的名稱「耶路撒冷」，並非偶然。他的攻擊者克蘭茲和謀歇爾認為，他對宗教強制的批評，使自己免於面對猶太宗教常規的義務，因為這些實務負載著令人厭煩的律法和儀式。攻擊者也認為，孟德爾松從此開始接近基督徒，而這些人把真正的禮拜拴繫於精神和信仰，卻「不是撒馬利亞與耶路撒冷」。相對地，孟德爾松在他書中以公開論爭的方式，說明他對祭禮、儀式、誡律實際遵守的堅持。這些恰好都可以用耶路撒冷，也就是猶太民族禮拜中心的隱喻，象徵性地表達出來。孟德爾松以「耶路撒冷」作為代碼，駁斥所有對他變換信仰的猜測，並宣告自己對猶太教及其誡律的忠誠。

就連受到「大開革」處分而被逐出猶太社群的哲學家斯賓諾莎（孟德爾松跟他的《神學政治論》Tractatus theologico-politicus，1670，進行了祕密對話），也在古代猶太國家的摩西律法當中意識到猶太教的特殊性。不過，精讀《耶路撒冷》的人會認定，此處的律法有不同的意義，比斯賓諾莎所賦予的政治意義更加寬廣。即使妥拉，「這部我們透過摩西所獲得的聖書」，也是一部律法書，有著世俗生活所應遵守的規定，卻依然蘊含了「理性真理和宗教教義深不可測的寶藏，和律法有深刻的聯繫而能夠合而為一。」理性真理和宗教律法之間的分界相當不明確，甚至根本不存在。和理性的關聯幾乎就是誡律的基礎。「律法和理性真理有關，它建立在永恆的理性真理上，或是提醒並喚起對理性真理的思考……」人們舉揚實用的誡命，並表現在具體的日常行為裡。

此外，妥拉以其宗教誡律塑造了猶太民族的生活。後來有人對孟德爾松的看法提出批評，指出，猶太教固守宗教誡律，卻帶來了對猶太民族性的否定。儘管不從現代政治意義著眼，孟德爾松也把持守宗教誡律的生活方式，賦予明確的民族意涵。整部妥拉是民族最高的善，有關民族開端的歷史構成了民族團結的基礎。遵守誡律給全體帶來「民族幸福」，也給個體帶來「個人幸福」。不過，彷彿仍嫌不足，孟德爾松更給宗教誡律賦予了猶太民族歷史使命的關鍵功能，亦即，該民族受到揀選而擔當世上其他各民族的倫理表率。

在這場對誡律的實際意義、猶太教的特性及其優於基督教的探討當中，難道孟德爾松沒有逃避探討宗教強制這個最尖銳的問題嗎？此外，要如何解釋任何妥拉讀者一定很快發現的「所有對神犯罪者都會得到重罰」呢？在《耶路撒冷》的末尾，孟德爾松不得不設法探討和他所賦予猶太宗教寬容教義形成強烈對比的主張。

不過，這一次他以斯賓諾莎的觀念作為支持。這觀念是，古代希伯來國家政教不分，因為上帝同時是國王也是民族領袖，亦即，實際上是由上帝和教士治理的神權政治。儘管孟德爾松跟這種界定保持距離，認為不能對早期獨特且可能只出現一次某種景觀的猶太教如此刻版地下定義。然而該宗教確實明顯具有神權統治制度的特點。孟德爾松認為，在這種原初狀態下，任何對上帝，也就是民族立法者威望的傷害，都是對王國的犯罪。有別於宗教，國家當局擁有施行權力以實現民間秩序的合法性。詛咒上帝或是惡意破壞安息日規定，也就觸犯了人民團體的法律且危害國家和平，所以要加以懲罰。在古代，這種強制並不是以宗教，而是以社會為依據。因為懲罰的施行並不是由於不受歡迎的意見表達，或是有所缺失的信仰，而是因為針對國家的犯法行為。不過，就連這種合理的懲罰也不曾廣為流傳。一項判決要符合相當嚴格的先決條件，也只有在少數情況下才能夠判決死刑。以下是孟德爾松給克蘭茲回信中的結論：

由此可知，人們認為只要稍微了解摩西律法及猶太教的情形，便可相信，只要按照同樣的律法，教會權力及教會法就是得到授權，或能夠對不信、誤信處以有期限的懲罰。探究光照和真理的人（例如謀歇爾先生）以為，我透過自己對抗教會法規和權力的理性論據而撤除猶太教，就太偏離事實了。

對於古代猶太國家及其神權統治的理想描述，和猶太人數百年來大離散生活的實際情況形成對比。在聖殿二度遭到摧毀之後，摩西律法對民眾的絕對支配，由於流離失所而結束。根據斯賓諾莎的說法，王國消失也使猶太人解除了遵守宗教誡律的義務，集體猶太生存面臨瓦解。在他看來，猶太人的存續成了相當不尋常的事件，因為他們作為民族的存在僅僅由若干受到遵守的迷信式習俗，以及由他們和非猶太人之間的仇恨所維繫。相反地，孟德爾松認為，恰恰是猶太民族這種歷史轉折，提升了猶太教價值，因為從此以後宗教過犯不再是政治的懲罰行為。宗教不再長久等同於公民權利，遵守宗教誡律只服從於個人意志，不再取決於威脅、強制和懲罰措施。猶太教從這個階段開始便代表了啟蒙運動最崇高的價值。

不過，相對於斯賓諾莎，孟德爾松認為，民族和領土的分離不但沒有解除實踐誡命的義務，反倒是加強了實踐的決心。雖然大離散期間的猶太社群裡許多有關以色列國家和聖殿祭儀的誡律遭到廢除，然而談到其他誡律，只要神的立法者不親自示現，並在新的啟示中明確地將其民族從誡律中解放出來，那麼就難以想像，人能將誡律置之度外。孟德爾松尖銳地寫道，「實際上，我和那些在雅各之家誕生的人一樣，不認為能夠以某種合乎良心的方式擺脫律法」，並補充：

只要這件事不發生，只要我們無法出示已真正擺脫了律法，我們的理性思維仍然必須嚴格地服從，因為我們對律法仍應負有責任。對神的敬畏在推論和實踐之間劃出了一條界線，任何有良心者都不得逾越。

有人驚訝於孟德爾松如此果斷地繼續堅守律法。對宗教自由及斷然拒絕任何宗教法改革的堅定態度，便是孟德爾松對這些人的部分回覆。他這番解釋符合決定他人生方向的道路，卻在後來世代中讓人感到驚異，他們想要在德紹的摩西（「Mausche mi-Dessau」是孟德爾松在信中的署名），這位信仰忠誠者和具有開明世界觀的哲學家之間，發現矛盾，或至少是虛偽。莫非孟德爾松因他真正的宗教觀，比啟示宗教更接近自然神論者的自然宗教，而想加以隱瞞？莫非這種信仰的固執見證是為了公開辯解，為了擺脫嫌疑，而保有自己在猶太信友圈內的地位？

孟德爾松畢生在這方面爭論中所持的一貫態度排除了這種疑慮。他雖然不樂見當時人們看待猶太教的方式，並對狂熱、迷信和對「真正猶太教」的疏遠加以批評，然而他對神在西奈山啟示給猶太人律法的忠誠，對抗基督教學者批評的文字辯護，以及對傳承的信服，都是他世界觀的一部分。在這方面，《耶路撒冷》反倒提供了更加完整的觀點。他把誡律看成是某種引導理智認識上帝真理的符號語言，並擴大對遵從這種誡律的哲學探討。此外，在面對令他個人感到相當痛苦的啟蒙運動圈的攻擊時，便也越來越想為猶太教辯護。

如前所述，《耶路撒冷》是在相當悲觀的情緒下寫成的。經歷過跟拉瓦特、克蘭茲和謀歇爾辯論的歲月以來，孟德爾松越擔心神學家乃至啟蒙運動者增加了有如宣教者般的熱誠，以至於到後來，他覺得有必要清楚地說明，猶太人並不想改變自己的生活方式；猶太人和非猶太人之間的藩籬是不可能拆除的，這些包括限制社交接觸的潔淨飲食規則，以及阻礙同化的婚嫁規定。所以孟德爾松較少談到個人的宗教體驗，而強調維持「民族聯繫」和保障「民族幸福」，也就是猶太民族集體存續的意義。在一封一七八三年秋初給他孩子以前家教洪貝格的私人信件中，孟德爾松證實了他在維護實踐誡律方面的決心，並以犀利的語氣表達出來：

> 只要這些理性的令人厭惡者仍保持團結，真正的自然神論者本身也該出現某種聯合（只要他們不把一切踩在腳下的話）。……不過，我們應以所有的固執對抗耶穌會的巧詐。他們用各種友好的表象來邀請我們合一，基本上不過是想引

> 誘我們改宗。……這是狼的聯合計劃。牠們如此希望跟羊合而為一，才能把綿羊和羔羊肉變成狼肉。這天地狹窄得容不得我對自己充分解釋，不過，我想您會了解。我們一旦屈服於這種誘惑（願天意護佑！），那麼五十年內一切將回歸野蠻。

出於這種擔憂，孟德爾松為《耶路撒冷》的猶太讀者，針對如何把公民法律的要求和猶太宗教律法相結合，提出不帶任何空想的實際辦法。他引用〈馬太福音〉二十二章二十一節：「讓凱撒的歸凱撒，上帝的歸上帝。」他認為，即使會有連帶的痛苦，除了同時扛起國家法律和宗教誡律兩種負擔之外，別無他法。特別是在猶太人獲得公民自由之前，代價會很高昂，然而這在孟德爾松卻是唯一可行的生存方式：

> 這是要求對要求，權利對權利。「我們應當對誰付出？對誰服從？」如果難以明白細節，就儘可能承受兩種負擔吧。耐心且順從地服務兩個主人，對君王，也對上帝祈禱！一旦整體的利益已經毀壞，就各行其是吧！

這也是對克蘭茲的直接回答。孟德爾松最不願意的，就是扮演克蘭茲為他設想好的，也就是為猶太人解除宗教誡律負擔的護民官角色。

在《耶路撒冷》的最後幾頁，浮現孟德爾松在當時的低迷情緒。「野蠻」回歸的噩夢再度對他如影隨形。「野蠻」是他經常使用的符號，以標示披上新外衣而和啟蒙運動價值對立的一切。他認為，唯有宗教寬容得以實行，國家承認猶太少數民族擁有實行自己生活方式的權利時，兩種負擔才或多或少可以忍受。在有關多姆理想及其方案的公開討論之後，人們期許，啟蒙運動的普世法則也可以實際推廣到猶太人身上，而有助於改善他們的公民地位。不過，有些喧騰一時的觀念讓孟德爾松非常不悅，亦即，對所有公民都適用的同一宗教信仰的必要性。這信仰能以博愛的意義許諾一種解決辦法，而讓狂熱和宗教之間的仇恨永遠從世上消失。就在這件事情上，他再度證明自己是「對信仰多元負有責任，也擔憂所謂的良心自由」的開明派；他同時也是啟蒙運動的批評者，在後現代到來的將近兩百年前，就預警了以理性為名而施行專制的危害。

孟德爾松寫道：「然而許多人……在談到信仰一致性時，如同談到一種非常令人嚮往的境界，卻又失望地為人類感到遺憾，認為這種幸福的頂峰無法透過人力達成。」他又補充，不過，這種救世主式且空泛的口號，隱藏著不利於理性、自由和真正寬容的大禍害。這種貌似善的意志，想要連根拔除帶給人類許多痛苦的宗教狂熱，卻產生一種理念，而讓壓迫良心自由最終能以一種新的方式出現。在孟德爾松眼裡，這卻是若干自以為是者的掩飾與偽裝。他們以寬容自詡，卻暗中精巧地計劃把理性扔回「野蠻的泥坑裡」。一旦確立了這種統一且普世性的宗教原則，一種現代的盲信與偏執即告形成。凡是膽敢動搖這些原則的人，就會被送上火刑。所以孟德爾松警告：「人類之友們，要提防這種信念，沒有經過最仔細的檢驗，不可信從。那可能是變得軟弱無力的盲信給良心自由設下的圈套。」神聖的天意創造了多元的世界，其中有著不同的意見和個體。一種統一的信仰等同於專政，違背了神的意志以及真正寬容的原則。

孟德爾松認為，這並不是對啟蒙運動理想國的理論探討，單一信仰的理念威脅到信任的存在。這種信任就是現代國家準備平等看待猶太人，總有一天會廢除公民權利和宗教屬性之間的從屬關係，並促進人民幸福。由於日漸擔心，離棄宗教誡律可能會變成猶太人成為公民的先決條件，孟德爾松解釋道：

假使公民統一只有在背離我們認為對自己仍具約束力律法的條件下才能取得，那麼我們所表明自己重視的事情，就會令我們感到衷心遺憾，也就不得不放棄公民統一。

從孟德爾松話語中所表現出來的悲觀，必須從歷史背景以及有關猶太公民平權討論的關聯性來探究。他表達出，對啟蒙運動改變能力深深的疑慮：「是否退讓，並不取決於我們，不過，我們所能做的是，至誠地像弟兄一樣愛你們，並像弟兄一樣請求，盡你們所能，把我們的負擔變得可以忍受」，孟德爾松在此近乎乞求。「就算不把我們當成弟兄和公民，至少也看成同是人類、也是這塊土地上的住民吧。」

他在一七八二年《拯救猶太人》中的引言開頭，還夢想著晚年可以體驗到「人權在其真實的情境中開始滲入人心的快樂時刻」。這一樂觀在一年後的《耶路撒冷》中退卻成疑慮。孟德爾松擔憂地在一批註中指出，就連在美國，國會也合唱起老曲調，談到一種「統治的宗教」。在重返「野蠻」噩夢的印象中，他在書本結束之前，再度對國家當權者殷切懇求，不要介入宗教和意見表達的議題。「宗教信仰是國家的事情，公民幸福取決於宗教信仰」是種偏見，「世上的君主」應當至少為這種偏見「設立……明智的框限」。孟德爾松籲求：「至少要為幸福的後代子孫開闢通往文化高峰的道路，通往理性所不斷枉然悲嘆的普世人類寬容。」他提出在一個公民國家當中（也在那時，例如普魯士在腓特烈二世政權之下），猶太人生存的最基本條件：

任何人只要不攪擾公眾幸福，對於民法，對於你們和同胞們以誠信對待，就讓他說出他所想的，以他或他祖先的方式呼求神，並在他相信可以找到的地方，尋求永生的幸福。別讓你們國家當中的任何人成為心靈宣告者和思想法官，別讓任何人自以為擁有唯獨全知者才能擁有的權利！

很久以後，寬容理想才會完全實現，公民幸福才會達成，然後宗教屬性才不再是人際間歧視的緣由。孟德爾松對國家和宗教之間關係的原則態度，他對各種形態的壓迫和對野蠻、迷信的犀利批評，以及他對宗教寬容和人道主義、良心自由和自由意見表達義無反顧的投入等等，所有這些使得《耶路撒冷》除了是為猶太教辯護而寫的意義之外，更成了歐洲啟蒙運動的傑作。依據跟猶太人的關係為標準來檢驗啟蒙運動的價值，事實上導致了對釐清某一個問題的決定性步驟；這問題是，啟蒙運動究竟憑藉何種結論以及多少準備，以便從上述的那些價值歸納出實際的結果？不過，這部作品同時也是有關猶太啟蒙運動的論述文字，貫穿著孟德爾松關於如何推動猶太人跟現代化世界遇處的理念。孟德爾松認為，自由選擇的、「真正的」猶太教，其原則能夠和理性及良心自由相調和。他對那些想要玷汙純正猶太教的人，包括宗教狂、受到迷信和偏見所驅使的人，以及宗教強制的代言人等等，進行批評，並想要撤銷拉比們對宗教過失的懲處特權。

雖然《耶路撒冷》的讀者一定十分清楚，作者勸告信友們毫不妥協地堅守誡律常規，但孟德爾松還是期待拉比方面的激烈反應，更在這種反應沒有發生時顯得相當失望。儘管孟德爾松以溫和以及樂於折衷著稱，一旦涉及他念茲在茲的議題，例如宗教狂熱和宗教寬容理想之間的緊張衝突時，他也會展現出相當程度的鬥志。不過，就連這一回，他在猶太輿論界的豁免權依然不受干犯。這固然是因為他的特殊地位以及他為自己族人帶來的聲望和榮耀，也由於人們仍然需要他出面調停。此外，他以德文發表的文章，也不被看成是對宗教文化穩定性的威脅，因為當時這些文章幾乎都沒有進入猶太內部的討論。

認為受到號召應捍衛自己不可侵犯性的拉比精英們，雖然避免打擊孟德爾松的名譽，對一名新的、敵對的文化精英的逐漸壯大卻十分敏感。在《耶路撒冷》從完成到發表的幾個月期間，拉比們的注意力仍舊指向令他們倍感威脅的威則立論爭。相對於孟德爾松特別著眼於歐洲啟蒙運動的輿論，並面對「神學的哲學」的挑戰，威則立想藉由〈和平與真理之言〉本身，創造以教育開展現代化的猶太社會，並對傳統教與學的制度造成影響深遠的改變。

正當孟德爾松集中全副心力為一個開明、寬容且多元的社會撰寫辯護文，並讓猶太人可以同樣堅守宗教誡律常規和啟蒙運動價值兩者之際，在普魯士君主國的別處卻發生一件重大且在猶太文化史上具革命性的事件；「希伯來文之友協會（Gesellschaft der Freunde der hebräischen Sprache）」在柯尼斯貝格的猶太社群成立了！當中最重要的創會者是生於哥本哈根，成長於柏林的歐宜赫。他在柯尼斯貝格富裕的弗利連德家庭中擔任家教。他是當地大學的學生，並在康德身上找到了導師與支持者。

這個協會是猶太啟蒙運動的先驅。一群不屬於拉比精英的年輕猶太男士，卻對於聖經及其註解、對希伯來語和哲學、對歷史和科學都有很大的興趣，且對猶太文化革新擁有遠大的抱負。創會幾個月之後，該協會在公眾裡跨出決定性的第一步，想要參與決定公眾意見，以及參與對猶太文學的提供。一七八三年底，〈採集者〉月刊的創刊號問世，該刊物後來更成為猶太啟蒙運動精神文學的論壇以及策劃中心。

一七八四年，在柏林開設了東方印刷社和書局作為猶太自由學校的設施。該設施由猶太啟蒙運動者主持，可以推廣他們的理念，並反對宗教文章。當然，這種以文學為主的規劃，其讀者主要還是出現在有教養階層，不過讀者群逐漸擴大。〈採集者〉的讀者、出版者和通訊記者的圈子，西自阿姆斯特丹，向東到達衛爾納（Wilna，位於立陶宛），多半是中歐的社群。〈採集者〉編輯部遷到柏林時，正當新運動的組織架構擴大成「提升良善與高貴協會（Gesellschaft zur Beförderung des Guten und Edlen）」。該協會想要促生一個組織完善的國際猶太運動，作為所有認同猶太啟蒙運動世界觀者的園地。

所以孟德爾松《耶路撒冷》的問世，並不是猶太啟蒙運動史上唯一的事件，而且根據史家的判斷，甚至不是一七八三年最重要的事件。許多猶太啟蒙運動者，包括歐宜赫、布瑞爾（Joel Brill）、沃夫松（Aaron Wolffsohn）以及雷文—柏林（Saul Levin-Berlin）都參與了啟蒙運動，這個以猶太生活現代化為目標的集體規劃。相對於孟德爾松指示通往公民幸福的「哲學的政治之路」，威則立和歐宜赫致力於教育的規劃。孟德爾松要求，在當代的條件下，以國家的轉變作為確保猶太生活存續優先且必要的步驟，相對地，威則立、歐宜赫和其他猶太啟蒙運動者以猶太人的文化轉變為先決條件，亦即以現代教育結束對宗教知識和宗教價值的偏重，並使青少年為生活在公民國家預做準備；還有維護希伯來文並創造新希伯來文學，重新發現中世紀和文藝復興時期有關哲學、語言和科學中被忽略的猶太文本，並再度納入猶太文獻的彙編當中。在猶太啟蒙運動者眼中，這一切都是現代化歷史過程的一環，也必定是通往尊嚴幸福生活的關鍵。

如前所述，孟德爾松斷然和多姆有關以國家干預來改善教育、經濟和猶太人道德的方案保持距離。相對地，年輕猶太啟蒙運動者卻跟隨威則立，採用了多姆行動方案的主題。例如歐宜赫，他猛烈攻擊信友們的愚昧，並以自己的綱領抨擊猶太社群的缺失。不同於多姆的是，他要求把這件事託付給猶太啟蒙運動者。對口傳社會形態的批評、行動方案的起草、現代文人的自信心，尤其是拉比精英迫不得已接受的巨大挑戰，亦即讓啟蒙了的學者涉足書籍、教育和公眾的領域等等，所有這些全都意味著一種革命性的重大轉折。

在促進猶太社群現代化的規劃當中，孟德爾松充其量也只扮演了旁助的角色。他既沒有參與猶太啟蒙運動的制度化及其理念的擬定和推廣，也不曾加入過「希伯來文之友協會」或是〈採集者〉期刊。偏偏就在猶太啟蒙運動形成和鞏固的關鍵年裡，其領導者想發揮他們在猶太社會的影響力時，孟德爾松卻表達了對德國啟蒙運動最重要期刊之一〈柏林月刊〉（Berlinische Monatsschrift）的興趣。那是「週三社」（Mittwochsgesellschaft）的意見論壇，是孟德爾松所加入八零年代柏林一流知識分子的一個精英圈子。

所以，孟德爾松在猶太啟蒙運動中的角色是相當消極的。不過，他在柏林家裡的客廳卻成了年輕猶太啟蒙運動者的朝聖地。他們來自德國內外，尤其是波蘭和立陶宛的許多社群。他們到他家裡「朝聖」，並尋求他的建議和指導。孟德爾松滿懷善意地關注他們的努力、教養和培育。不過，當〈採集者〉的頭一批編輯想要找一位有名的猶太學者當他們的主事者時，分享他們對維護和更新希伯來語文和文學熱情的威則立，就成了他們的選擇。所以孟德爾松並不屬於創立者，也不是猶太啟蒙運動中為他們奠定理念基礎或草擬綱領「之父」。然而，歐宜赫仍然是孟德爾松最大的推崇者之一。

在八零年代開啟猶太啟蒙運動以推動廣泛的社會改革，並以對拉比精英形成制衡力量為目標的歐宜赫，比當時任何人都更強調孟德爾松的歷史意義。第一部希伯來文的孟德爾松傳便是出自歐宜赫的手筆。傳記起先在〈採集者〉裡連載，然後結集成書。包含《耶路撒冷》節譯的這部傳記，向希伯來文讀者介紹孟德爾松的主要理念，並使得他的形象持續了許多世代。歐宜赫是在一七八四年訪問柏林時首度跟孟德爾松進行談話。他表示自己對孟德爾松的人格印象深刻，並認同以他為代表的啟蒙運動理想。然而，令人訝異的是，正是這位熱烈推崇者把孟德爾松看成是哲學家，而不是傑出的猶太啟蒙運動者和夥伴。孟德爾松的人生際遇及溫和而渴求和諧的性格，阻礙了他承擔猶太啟蒙運動者的人生任務。歐宜赫把這種人生任務稱為「診斷習俗的醫師」，可看成是猶太人的復興。

孟德爾松展現決心，要對猶太文化的革新和理性化做出貢獻，清除當中的迷信並注入啟蒙運動的價值觀。他的出版品，從希伯來文週刊〈宣講道德者〉的初期嘗試，經過「對《邏輯術語》的評論」，直到《註釋》計劃，都證明了這一決心。就連他對寬容的「真正」猶太教的夢想，以及對不同拉比宗教狂熱的批評，他對禁異權的征戰，他在威則立受到打壓和中傷時期對他的支持，乃至他鋪平「通往文化高峰的道路」的努力，都再再證明他十分贊同猶太啟蒙運動的理想、價值和心願。不過，要開始一項社會運動、草擬綱領、創立期刊、積極參與推廣理念和擴充會員，或是跟拉比精英的對抗，這些種種恐怕都還需要跋涉一段漫長的道路。

最踴躍參與猶太啟蒙運動組織的歐宜赫，把孟德爾松推舉為這運動的領導者。他在自己所寫的孟德爾松傳裡，依據這位老師和他學生之間相處關係所建立起來的模式，多年之後還常見於柏林啟蒙運動圈乃至史家之間。然而，在孟德爾松和猶太啟蒙運動者之間其實並不存在師生關係。「孟德爾松的學生」這個常見的說法並不反映歷史實相，而只是歐宜赫及其夥伴們把這位當代最知名、最受敬重猶太人奉為精神之父的渴望。孟德爾松跟許多人談話，在自家客廳招待猶太人和基督徒，並以典型十八世紀時期為精神生活而寫的頻繁度寫作。他交換觀念，甚至提出建言，卻不收學生，也沒有想到要發起猶太啟蒙運動。他根本沒有成立學校或學堂來聚集成員，以便他們能照顧這些設施並發展自己。

歐宜赫等人促成了孟德爾松許多世代的聲望，其中包括弗利連德；他雖然在孟德爾松過世之後毅然加入實際宗教誡律的廢除，卻持續展現出身為他優秀學生的風範。他們熱烈推崇孟德爾松，加強他身為文化偶像、身為猶太啟蒙運動，以及所有和猶太人現代化過程相關聯的變遷倍受讚揚象徵人物的地位；當中卻也包括了孟德爾松根本意想不到的事情。「就在年底之前，出版了他卓越非凡的書，《耶路撒冷》」。關於孟德爾松，歐宜赫寫道：

> 《耶路撒冷》的結構有如一座讓教義、智慧、公義和權利等各部位自成一體的城市。這書編排適當，並能在其基礎上建立所有正義與權利的教導。有誰能夠估量它的崇高地位呢？它是一切有關信條和意見研究的泉源。

這本特別的書《耶路撒冷，或是關於宗教權力和猶太教》（Jerusalem oder über religireligiöse Macht und Judentum），其哲學基本理念受到歷史背景，以及促使作者執筆的暴風般感受和情緒所影響，確實是深刻探討現代化寶貴的輔助工具。不過，這本書對那時期猶太內部討論的影響相當有限，在當時看來，這書連猶太啟蒙運動的原則綱領都沒有呈現出來。難怪，直到在新的歷史背景，也就是十九世紀後半俄國猶太啟蒙運動中，這本書首度有希伯來文全譯本時，已經過了八十幾年。

猶太啟蒙運動首先致力於猶太現代化的規劃，尤其是教育事業和報章雜誌的改革，科學、語言、地理和歷史教科書的製作和印刷方面的革新，以及對社會平權的要求。這規劃對於孟德爾松的哲學探討，例如有關宗教精英對於國家的關係，僅僅賦予了次要意義。不過，至少在孟德爾松有生之年，似乎不曾有過哪位猶太啟蒙運動者能夠像他那般，在一般公眾眼中代表猶太啟蒙運動。猶太啟蒙運動者對待受推崇的象徵人物孟德爾松，就像對待敬愛的父親一樣，就他的時代以及地位而言，都是獨一無二的現象。他是一位獨特的猶太人物，懷抱著所有的夢想，伴隨他的是公開鬥爭的深刻屈辱，以及他身為當時猶太教辯護人和代表者的責任感；而後者正是基督教公眾自發地交付給他的角色。

沒有哪位猶太啟蒙運動者像他那麼地在德國啟蒙運動圈子中扎根和受到重視。密切注意柏林猶太人圈子文化發展的德國啟蒙運動者，都知道弗利連德、赫爾茨甚至威則立，不過輿論的光照一向只投射在孟德爾松身上。到了八零年代，他達到聲望的最高點。這位哲學家的生活和作品，成了不平凡的成功故事，並自然而然地賦予他領導者的地位。沒有哪位猶太啟蒙運動者可以跟孟德爾松相提並論，而稱得上是他的繼承人、學生、繼位者或代表人。所以理所當然地，孟德爾松比基督教或猶太公眾當中的任何人更能等同於猶太啟蒙運動。

08

面對幽靈——最後兩年

讓孟德爾松大失所望的是，他最重要的哲學作品《耶路撒冷》在猶太公眾裡幾乎得不到共鳴，不論是拉比或是猶太啟蒙運動者都不特別注意。幾位德國啟蒙運動者冷淡疏離的反應，令孟德爾松感到憂心。有別於十六年前他們在他發表《斐多》之後的交相讚賞，現在卻出現很多批評的聲音。孟德爾松寫信給洪貝格時說：「《耶路撒冷》是一本特殊類型的小冊，我很想知道您對它的評斷。目前可以確定的是，這書的性質是兩個民族的正統派與非正統派所不曾預料到的。」不過，孟德爾松還是得到不少知名人士的認同。他尤其重視康德的一封信。康德從這本提出猶太教和良心自由原則相調和的書，看到一場大改革的宣言。

康德同意孟德爾松的基本思想；不過，他更希望這思想是個過程的起點，在這過程裡，猶太教將脫離其歷史基礎，換句話說，這過程將以廢除猶太教儀式的特殊性作為結束。康德在九零年代的一篇論文中公開表示了這一點。他問，孟德爾松為何不替他的猶太信友們卸除誡律的重軛？就連其文章對於由唯理主義啟蒙運動轉向浪漫主義（民族思想的開路先鋒）的文化變遷，具有決定性影響的赫爾德，也讚揚了這本書。只不過，他也跟其他批評者一樣，又以其他的主張同時減弱了自己的讚賞；這主張就是，孟德爾松的政治理論或許有益於天堂裡的或未來的耶路撒冷，卻缺乏任何實際的基礎。赫爾德更揶揄地說：「在天上或是在未來的耶路撒冷，當然不會有人質疑您的理論。」來自柯尼斯貝格的哲學家，也是狂飆運動作家哈曼回應得更為尖銳。他強調情感和信仰的力量，並駁斥啟蒙運動賦予理性的重要性。

到了一七八四、八五年間，孟德爾松才明白，他的《耶路撒冷》裡所闡發的哲學學說只能吸引寥寥幾位贊同者。傾向於自然宗教的啟蒙運動者，難以接受孟德爾松對啟示宗教和猶太律法的堅持。猶太正統派排斥他對廢除宗教精英領導和管控功能的要求。至於後來被哲學家以撒亞・柏林（Isaiah Berlin）稱為「反啟蒙運動」哲學潮流的先驅們，則抨擊孟德爾松的哲學基本架構本身及其理性信念。就連他當時已經住在奧地利的好友洪貝格，也毫不猶豫地批評這本書的許多段落，甚至斷然駁斥孟德爾松對律法義務方面的論點。

孟德爾松並不抱持任何幻想。他以清醒的目光檢視現實，並從中得知，現實終究不會跟他的心願或看待世界的原則相一致。儘管有如此的心理準備，由於他對猶太人邁入現代化生活的觀念遭到摒棄，且逐漸體會到，他那些啟蒙的夢想距離實現還很遙遠，所以他生前最後兩年內心窘迫，充滿了痛苦和困頓。由孟德爾松所代表的啟蒙運動似乎是崩塌了。

在孟德爾松眼裡，公民國家實現啟蒙運動理想的最重要先決條件就是宗教寬容。不過，他也一再體會到，無論學者或是政治人物，都很難從寬容原則得出決定性的結論；第一個例子是五零年代他好友雷辛的劇本《猶太人》所遭受的批評，後來則是牽涉到對猶太人寬容的拉瓦特事件。讓猶太人帶著「異類」印記的民間觀感依舊存在，而使得對他們的壓迫及諸多限制變得合理。孟德爾松把小心防範看成是自己的義務，甚至警告友人們，潛伏在各角落的野蠻，正威脅著要讓前行的巨輪倒轉，除了睜開雙眼注意抵抗之外，別無他法。

一七八四年夏末，洪貝格從維也納難過地寫信通知，他想獲得大學講師的學術職位希望已經破滅。一七八二年，洪貝格辭去在柏林孟德爾松子女家教的工作，前往維也納，以便在約瑟夫二世寬容法令推行期間，擔任猶太學校改革方面的行政職務。他已經通過了必要的學院考試，但國王卻擱置批准學院任用猶太人。孟德爾松試著安慰消沉的洪貝格，卻難以掩藏自己的嘲諷：

> 非凡人物的作為很少是人們所期待的，因為他們是非凡人物。所以國王對您事情所做的決定，是相當稀鬆平常的。

孟德爾松記得，當年科學院推選他為院士，而國王卻不予以認可時，他自己便遭逢了類似的命運。這種屈辱感一直歷歷在目，於是孟德爾松對於腓特烈二世或約瑟夫二世等專制君主所能期待的，並不抱持任何幻想。不過，他還是問，為什麼這兩位君王不能夠把他們所倡導的寬容政策付諸實踐，並承認猶太人的權利？孟德爾松寫道，對這事他沒有答案，並反諷地補充，以宗教仇恨作為君王拒絕的動機，或許是無法想像的。然而，他和洪貝格仍可因自己受到學者的承認而得到安慰。因為，君王的決定「雖然在我們看來無論如何都是不受歡迎的，不過，基本上，哲學界責怪您缺乏能力比君王對您的認可還好。」

孟德爾松非常懷疑約瑟夫二世在寬容政策外衣下所包藏的企圖。這一點在《耶路撒冷》中表達了出來。他在書裡為了反對宗教合一而進行激烈的爭鬥，將它批評成是被誤解的寬容。他在給洪貝格的另一封信中，把自己對奧地利政策的保留態度表達得更為犀利：

有關在所有報紙造成聲勢的寬容議題，我根本還沒有像您所承認那般輕易地下定論。只要合一制度還在蠢蠢欲動，這種虛假的寬容在我看來就比公開的迫害更加危險。要是我沒記錯的話，孟德斯鳩（Montesquieu）在他的《波斯人書簡》（Lettres Persannes），早就有這種敗壞的想法，即，促成改宗的最佳手段，並不是嚴峻和迫害，而是溫和與容忍。在我看來，似乎這種手段是統治的原則，而不是智慧和博愛。

孟德爾松補充道，由於這種隱藏的威脅，人人應當同心協力，捍衛在《耶路撒冷》裡所描述的，其基礎是持守儀軌的猶太教。

直到生命將盡，孟德爾松仍覺得自己受到敵視猶太人的鬼魅所威脅。在過世前大約兩個半月，他在一封信中幾乎絕望地寫道：「不利於我族人的偏見是如此根深柢固，無論如何也拔除不了。」所以，埋藏在地下的成見小芽很快能長出新枝枒，也就理所當然了。基督徒難以拋棄成見，是否令整個啟蒙運動文化變得可疑呢？在人生最後兩年裡給親密友人的信中，孟德爾松只表達了他一小部分的擔憂。而他在一七八四年九月寫給瑞士醫師齊默曼信中的話語，則特別嚴厲而咄咄逼人：

> 我們單單夢想著啟蒙運動……。不過，如我們所見，爬滿幽靈的黑夜已經從地平線另一端再度昇起。當中最可怕的是，這種禍害如此積極、如此有力。迷妄正實現，而理性卻滿足於空言。

孟德爾松這些話究竟指涉甚麼？是甚麼幽靈擾亂了他的寧靜、動搖了他的精神鎮定？特別是多數民族社會的沉重宗教手腕，更是威脅著要窒息宗教寬容。所以，無法根除基督徒對猶太人的成見，以及持續的壓迫和歧視，便是孟德爾松擔憂的最主要緣由。他同時也對浪漫主義在德國文學、戲劇和哲學方面的萌芽感到訝異和不安。一七七零年代早已藉由狂飆運動而有文化變遷的徵兆，後來更導致了浪漫主義的興起。這場「德國文學革命」（歌德的語詞）以感傷、個性和隨興對抗啟蒙運動理性哲學。正如他的幾位戰友，孟德爾松對這現象感到厭惡，並擔心負面的影響，亦即，壓迫理性以及披著新外衣迷信的回返。

看來，孟德爾松人生最後兩年的世界逐漸被幽靈所侵佔，並威脅到他仍然堅持的真正啟蒙運動。宗教迷妄、幻想、無神論，和他稱之為野蠻、偏見、迷信和狂熱的老魔鬼們成群結黨。一個充滿狂熱和迷妄，不受理性力量約束的世界，一個由盲信統治的世界，在他看來，就跟一個神不出現的無神世界一樣黑暗。這種世界在他眼裡也只是幻象罷了。一七八四年六月，他在自己的一幅肖像題詞中寫道，不信神者的生活並非生命，而是緩慢的死亡。對孟德爾松而言，神的存在是所有人文價值的基礎。在這個意義下，沒有神就沒有人。

這群破壞啟蒙運動建築的惡靈，要如何才能驅逐呢？一七八五年冬天在〈柏林月刊〉所發表的一篇短論當中，孟德爾松至少把部分責任歸咎於不信和迷信啟蒙運動兩種禍害的散播。屈服於伏爾泰式的激進啟蒙運動，以諷刺來對付宗教迷妄和迷信，其實是自作自受。這樣的貶損對促進啟蒙運動來說，是一個不正當的辦法，會導致嚮往幼稚童真，而寧可追求無神的生活。孟德爾松認為，只要德國文化受到擁有清楚概念和論證的萊布尼茲和沃爾夫的理性主義指引，以膚淺理念為依據的宗教迷妄和無神論就無法抬頭。孟德爾松以真正積極的啟蒙運動反駁法國啟蒙運動的虛假與消極：

這種禍害的源頭唯獨透過啟蒙運動才能堵塞。照亮處所，幽靈就會消失。要照亮喜愛悄悄遊走在黑暗中的，並揭露能夠從圖謀、暗中結合、部署和迷妄空想所經驗到的一切。以鄙視對付暴露弱點的誘騙者，卻應該以寬恕代替諷刺的鞭子對待受騙者，因為他值得同情，不應該受到嘲笑。

孟德爾松先前的，也就是在他簡短、知名且廣受討論〈關於「何謂啟蒙？」的問題（Über die Frage: Was heisst aufklären?）〉的文章中，曾有系統地界定過啟蒙運動的限度和危險。這篇文章牽涉到「柏林週三社」（啟蒙運動者的圈子）一場持續的急要討論，其重點讓自覺對啟蒙理想負有責任的知識分子感到相當意外。事情可以總結成，給啟蒙運動設定界限，而使國家和社會不致受損害，是適當的嗎？屬於這個圈子的榮譽會員，且定期參加週三社專屬聚會的孟德爾松，積極參與這場討論。在事先跟社員們討論過幾個要點之後，他的文章便在一七八四年九月發表在〈柏林月刊〉上。同年十二月，康德的文章〈答覆「何謂啟蒙？」的問題（Beantwortung der Frage: Was ist Aufkläriung?）〉也發表在同一刊物裡。文章開宗明義提出他那有名的定義：

> 啟蒙運動就是，人脫離由自己所導致的不成熟狀態。不成熟狀態就是在沒有他人指導時，無法運用自己的理智。當原因不在於缺乏理智，而是在沒有他人指導下就缺乏運用自己理智的決心和勇氣時，這種不成熟狀態就是自己導致的。要勇於認知（Sapere Aude）！勇於運用自己的理智，便是啟蒙運動的格言。

由於擔心啟蒙運動具有顛覆性的政治潛力，康德指出，唯獨思想自由才沒有界限，服從國家和法律卻是一項沒有矛盾且必須要履行的義務。孟德爾松把啟蒙運動界定為「理性認知……依照對人生規則重要性及影響力的標準，對人類生活諸多事項做理性思考的能力」。早在康德之前，他就已意識到並提出問題，尤其是啟蒙運動跟國家之間的緊張關係。他指出，作為一個個人和作為公民之間可能出現的對壘，以及在社會福祉和科學、哲學發展之間可能出現的矛盾。

約在法國大革命發生的前五年，孟德爾松便迫切想要探討重大的問題，例如，不受限制的自由和沒有界限的啟蒙運動不會有傷害大眾的威脅，且不會引發悲慘的革命嗎？改善和毀滅社會之間的分界線何在？克服偏見和確保社會穩定兩者之間的平衡，要如何達成？孟德爾松也談到一個爆炸性的議題，即，現代科學的成就及其對社會的影響。如同當時的許多歐洲人，孟德爾松對一七八三年蒙哥費耶兄弟（Gebrüder Montgolfier）所發明的熱氣球印象深刻。就在這背景之下，他提出了一個當時最具批判性的問題之一：

蒙哥費耶的發明可能導致巨大的變化。是否對人類社會最為有利，大概還沒人敢下斷言。人們會因促進其進展而反感嗎？永恆真理的發現本身就是好的，至於如何調控發現，則是天意了。

在〈關於「何謂啟蒙？」的問題〉文章中，孟德爾松提出啟蒙運動可能失敗的兩種情況。他首先向讀者說明，自己並不以抽象概念探討有關啟蒙運動本質的哲學、理念和原則，而是「讓人經由理性認識，自知有別於世上其他受造物，並追求人的完美」為主幹。孟德爾松強調：「少了這種基本的使命，人便降格為禽獸。少了追求成為完美公民的主要使命，國家憲法便不復存在。」第一種情況，當國家看出啟蒙運動存在著不利於統治的危險，而無意讓啟蒙在所有公民中變得有效、普遍時，啟蒙運動將會失敗。第二種情況，也就是當激進的主事者濫用啟蒙運動，以破壞宗教和道德為目標時，啟蒙運動也會失敗。孟德爾松認為應當注意這兩種狀況，有所節制，否則推廣和促進啟蒙運動將弊大於利。在對第一狀況的描述中，再度暗含孟德爾松對普魯士國家的嚴厲批評。如同他所親身經歷，普魯士讓猶太人處於受壓迫的狀態。孟德爾松認為，國家的啟蒙運動意味著應將它推廣到不同的身分和層級。在他看來，啟蒙運動的原則一旦和一般人或公民發生衝突，就會產生悲慘的狀況：

不但人本身的和公民身分的主要使命無法調和，也不將人類不可或缺的啟蒙運動推廣到國內所有階層，以便保留法令與規則等等，必須承認有上述實情的國家是不幸的。在此，哲學保持靜默！有些國家認為制定律法是必要的，甚或鍛造鎖銬人的鐐枷，使他乖順，並持續加以壓制！（譯按：身為哲學家的孟德爾松擔心，如果啟蒙中的某些主張違反國家法規，他就必須有所限制，不讓和啟蒙有關的哲學顯得有顛覆性，並希望新的啟蒙哲學和國家之間的關係能夠取得協調。）

在第二種狀況的描述中，再度顯示他對激進啟蒙運動的退縮和對異端幽靈的畏懼：

為了保留人們身上原本就有的宗教道德原則，不許散播若干對人有用且讓人更好的真理，所以熱愛道德的啟蒙運動者必須小心翼翼地行事，寧可忍受偏見，也不願和他深陷其中的真理一併遭到驅逐。（譯按：讓人更好的真理恐怕會質疑既有的宗教、道德原則，所以過於激進，反而讓人產生抗拒的心理。）

用孟德爾松的話來說，這就是真正啟蒙運動者出於他們對社會穩定性的責任感，不得不付出的代價。孟德爾松在文章末尾提出警告：「啟蒙運動的濫用會削弱道德感，導致冷酷、自私、偽宗教和無政府狀態。」

孟德爾松絕望地堅持主張，並為他心目中真正的啟蒙運動抵擋來自各方的威脅。同時，他最後兩年的健康狀況逐漸惡化，極度受限於從來不曾完全消失的病症；他不只一次必須為無法出席受到邀請的社交活動而致歉。晚上是最難熬的，所以白天時他很小心避開任何激動情緒。只有在早上他才覺得舒服而能夠從事精神活動。不過，他的生活並不全都黯淡，私底下，他並不缺少愜意、快樂的時刻。

一七八五年九月六日是孟德爾松五十六歲的生日，親朋好友早上在家為他慶生，給他帶來驚喜（這是他最後一次過生日）。那天早上他覺得非常舒服。他的病痛暫時減輕，所以情緒高昂。慶生一過，他就寫信給洪貝格說，全德國找不到比這更好的聚會了。處在這麼一小圈伴隨他走過啟蒙運動道路的真正朋友當中，他覺得安心，覺得受到喜愛並得到重視。孟德爾松展現新的活力，腦海裡有新的創作計劃，並對洪貝格表示：「我還活著，希望在市集上能把證據交到您手上。您會有一本我的「有關神存在」的冊子。這至少可以向您確切證明我仍活著。」

在這最後兩年，家庭生活也帶給他莫大的愉快。按照醫師的囑咐，他一家人每天在柏林的林蔭大道散步。孟德爾松最疼愛的是才三歲的幼子納坦。跟自己最受寵的小兒子玩耍，讓他暫時忘掉自己的負擔。弗洛梅則繼續扮演孟德爾松家開放客廳女主人的角色，為許多客人端上茶、杏仁和葡萄乾，有時也加入談話。

一七七三年，一位來自科隆的年輕醫學生請求他為沒有婚姻束縛的自由戀愛辯護。孟德爾松的回信提供了一次對他私人生活罕有的窺探。信中透露出，他賦予伴侶何等的重要性，以及對婚姻生活有什麼看法。孟德爾松在以愉悅為唯一最終目的的感官慾望，和以產生理性人為目標的天然愛慾之間做了區別；而刻意違反自然界的最終目的也是一大罪狀。丈夫應該在太太懷孕時期保護她，並向她保證共同承擔對子女的照顧。孟德爾松認為，夫妻要分攤一起教育子女的責任，這些最好是透過兩人在法律效力下結合的婚約以確保。孟德爾松夫婦實際上投入許多工夫在教養子女上，並盡力使他們擁有快樂的童年。孟德爾松自豪地對友人們表示，多虧每日的家教課，他的子女們才擁有良好的學習成果，可以受教成為啟蒙的青年。

孟德爾松家中的生活水準也跟著社會地位而提升。他身為學者的成就，身為哲學家的地位在八零年代帶給家人社會認同，並為他們打開了通往猶太經濟精英、王侯供應商以及猶太商人等家庭專屬圈子的管道。布蘭黛、瑞巧、約瑟夫、顏忒和亞伯拉罕的年輕朋友都是來自柏林的猶太貴族。他們一起度過暑假、聽音樂會、上劇院，並閱讀德國和法國文學。

就連布蘭黛和瑞巧兩位較年長女兒結婚，也代表了柏林上層猶太家庭結合傳統和現代的生活方式。這對姊妹都在孟德爾松人生將盡之前結婚，並且依據傳統猶太習俗的模式，也就是，年幼時的婚姻介紹以及傳統儀式的婚禮。十八歲的布蘭黛嫁給魏特，他是孟德爾松相當喜歡的年輕銀行工作者。十七歲的瑞巧嫁給孟德爾．邁耶（Mendel Meyer），他是梅克倫堡—史垂利茲（Mecklenburg-Strelitz）公爵的宮廷承辦商納坦．邁耶（Nathan Meyer）的兒子。孟德爾松相信，有這種好對象可以確保女兒的幸福。他高興地寫信給洪貝格（這是過去的家教，卻依然參與他家庭生活的人）：「我的女兒已經在尼散月一日完成婚禮。她和無與倫比的魏特生活在幸福的婚姻裡，比起當初這最富有者兒子豪爽地決定屈就她時更加快樂。」

布蘭黛嫁給魏特十六年，為他生了四個孩子，其中兩個存活下來。至於她婚姻狀況實際上如何，可以透過她多年好友亨瑞耶忒．赫爾茲（Henriette Herz）得知。她是醫師兼哲學家赫爾茲的太太，在柏林上流社會中是位受歡迎的女主人。亨瑞耶忒在回憶錄中寫道，她自己在布蘭黛婚後見過她，而她看起來一點也不快樂。她的父親雖然沒有強迫她跟魏特的婚事，卻也沒費神和她討論過事情的正反兩面。婚姻剝奪了她的少年時光，也讓她不快樂。像她這麼一位擁有啟蒙教育和豐富涵養的年輕小姐，不可能會愛上一個頭腦狹隘、其貌不揚而文化水準在她之下的商人。

這個不令人滿意也缺乏快樂的婚姻直到九零年代末才有個了結。亨瑞耶忒的回憶錄讓人看到柏林社群新時代的開始，一個孟德爾松完全無法想像的新時代。孟德爾松家中非常注重子女的猶太教育，持守傳統的習俗、安息日和節期，生活方式也深受宗教誡律的影響。然而，在這位哲學家生前，柏林其他上層猶太家庭的生活早就已變得截然不同。時日遷移，年輕世代的代表人物對於會堂，對「按照誡律、禁令生活」維持忠誠的，也越來越少了。

孟德爾松察覺到這些削弱猶太認同的過程。雖然他不斷主張保存律法作為抗拒，卻也以遷就和他特有的寬容來面對這一發展。或許他希望，透過文字書寫，透過犀利而精銼的反對異端論點，以及對實踐宗教誡律的論述，可以遏止這種發展。布蘭黛（她後來改名為朵若緹亞，Dorothea）不穩定的個性以及她持續的不滿，是孟德爾松從女兒小時候就知道的。儘管如此，他大概也描繪不出她的人生小說。布蘭黛跟詩人施雷格爾的婚外情、離婚、改信基督教、和施雷格爾結婚。而他的兩個孫子，即畫家約翰那斯（Johannes [Jonas] Veit）和菲利浦（Philipp Veit）皈依基督教，都是他再也無緣見到的事情。

他對兒子約瑟夫也一樣體諒，寄託了很大的希望在他身上，並把他看成是自己的繼承者和接班人。他告訴洪貝格：「我並不特別要求兒子約瑟夫有學術修養，他卻自己聽赫爾茲博士公開朗讀的物理，還跟克拉普羅特（Klaproth）先生聽化學。

・雅各比。艾希（Johann Christian Eich）在畫布上的油畫（1780年）

他的理解能力很強，對語言就不那麼在行了。他的拉丁語相當落後，至於您教過他的希伯來語就幾乎全忘光了。我任由他走自己的路。您知道，我不強制。對這種寧可折斷也不肯彎曲的鐵一般性格，靠強制終究是無法調教的。」

孟德爾松在生前最後兩年，體會到合乎他想像的家庭和樂，因為他的妻子、女婿、女兒和兒子都是「善良、值得啟蒙的人……我也能熱切地感受到他們的歡娛」，一七八四年夏天他以直率自豪的口吻這麼寫信告訴齊默曼。對孟德爾松而言，最令人振奮的時刻，就是跟三名求知慾旺盛的年輕人分享研討。這三人都是二十多歲，包括他兒子約瑟夫、剛結親的女婿魏特，以及家庭友人貝恩哈特・威則立（Bernhard Wessely）。他們清早起床，因為早晨時間他思路清晰，比較不受病痛的約束。孟德爾松想藉由對話和討論，乃至於有系統的講授，來防止年輕世代落入喪失對神信仰的莫大危險中。然而他並沒有介紹猶太宗教律法、談論神啟或分析宗教經文，而是為他們打開哲學大門，闡述一系列合乎理性的上帝證明，如同他在證明靈魂不朽時所做那般。

依據孟德爾松的世界觀，神的存在是「永恆真理」當中至高無上，且任何人都能夠藉由理性而獲得的定論，因此，這一真理也並不一定起源於猶太教義。這種安靜、清新的晨間共同研究，促成了孟德爾松最重要的論文之一〈早課，或是關於神存在的講課〉（Morgenstunden oder Vorlesungen über das Daseyn Gottes）。不過，這論文在一七八五年夏末的印行，和在家的私下研討並沒有直接關聯。最主要的，〈早課〉是為朋友雷辛辯護的書寫，而且是由於泛神論帶給人的困頓與失望，亦即反對所謂斯賓諾莎主義的論爭而發行。〈早課〉就如同一七七零年的〈致拉瓦特執事先生的信〉和一七八三年的《耶路撒冷》，都是辯駁的文字。這一次是孟德爾松未曾謀面的對手：來自杜塞爾多夫（Düsseldorf）的雅各比（Friedrich Heinrich Jacobi）是一位毅然提出自己敏銳論證的哲學家，也是一位對柏林和一般啟蒙運動的嚴肅批評者。

一七八一年過世的雷辛，依然在孟德爾松生活中占有重要地位；並不只因著兩人不可磨滅的友誼印記，更有「與雷辛密切往來而促成他在德國輿論界地位」的這一事實。在他家中客廳，除了希臘哲學家的肖像，和科學革新者牛頓（Isaac Newton）的半身雕像之外，也有雷辛的軀幹雕像。《耶路撒冷》問世之後，孟德爾松向友人們表示，他想寫一篇獻給雷辛的文章，以表達對這位友人深深的感謝。當時並沒有任何跡象顯示，這項不曾實現的計劃，後來竟會變成學者們在孟德爾松過世前兩年積極投入，甚至在他身後演變成軒然大波的熱門事件。

愛麗絲・萊馬魯斯（Elise Reimarus）是位有教養、有身分的貴婦，年輕時認識雷辛，從此成了他的推崇者和筆友。雅各比是從愛麗絲・萊馬魯斯在皮爾蒙特跟孟德爾松見面之後，在漢堡寫給他的信中，得知孟德爾松計劃寫一本關於雷辛的書。戒懼柏林啟蒙運動的雅各比，這時便設法把關於孟德爾松寫書計劃的消息，轉變成破壞的憑藉。一七八零年代，他和來自柯尼斯貝格的友人哈曼，代表了反啟蒙運動者對哲學理性主義的批評，並斥責啟蒙運動者為異端。依據他們的看法，唯獨宗教信仰（而不是哲學方法）才能引導對神的認識。他們也排斥在他們看來相當傲慢的「柏林心態」。哈曼在他〈對理性純粹主義的反批評〉（Metakritik über den Purismus der Vernunft, 1784）當中，指責「無神論的孟德爾松」，進而攻擊他的《耶路撒冷》。在哈曼眼裡，孟德爾松是那個顛覆、世俗、唯物且反基督圈的一分子。這圈子裡的人讓自己成了在柏林的「現代巴比倫」。

雅各比藉由愛麗絲・萊馬魯斯在啟蒙運動者通訊和消息網路中無心的傳言，散播駭人聽聞的內幕消息，即，柏林啟蒙運動的偶像雷辛，根本就是個無神論者！這次指責在雷辛擁護者圈子中主要的訴求對象，就是雅各比預料會有所反應的孟德爾松。雅各比表示，在他跟雷辛生前最後幾年所進行的個人談話中，雷辛向他坦承，自己已經變成斯賓諾莎主義者了。

在孟德爾松眼裡，這是件醜聞。認同斯賓諾莎的學說，只意味一件事，就是否認上帝！「成為斯賓諾莎的擁護者」在德國文化中是一句貶損的話。在德國，傑出的思想家通常最多把自己看成是自然神論者，也就是信仰自然宗教，相信神的存在、天意和靈魂不朽。唯有少數，例如只相信有形物質實在性的唯物主義者，才會否認神、天意等等的存在。斯賓諾莎的泛神論，絕對要求神和世界合為一體（用孟德爾松的話說：「一即一切，一切即一」），並否定一個脫離自然的神的存在，這理論被理解成是對神的否定，因而帶給斯賓諾莎「宗教敵人」的惡名。雅各比強調，在斯賓諾莎那兒，自然本身竟變成了神！

孟德爾松受到巨大的衝擊。因為雅各比所揭露的，對他個人及其世界觀的基礎，產生一連串令人憂心的影響。孟德爾松並不懷疑雅各比消息內容的真實性，只是無法加以解釋。他的摯友雷辛竟然對他隱瞞，而把真正的想法告訴給另一個更受信賴的人？這不就證明，他如此珍惜的友誼，根本不像他所以為的那麼不可動搖？他應當設法讓雅各比的這項指控不起作用嗎？這會敗壞他的名聲，並引發自己私下是異端的嫌疑嗎？這時多了解或評斷斯賓諾莎哲學是他的義務嗎？他有責任捍衛「真正的」啟蒙運動，以理性主義哲學對抗反啟蒙行列中崇拜「盲目信仰」的對手嗎？起初，孟德爾松試著別太認真看待有關雷辛的謠言，或只是溫和地解釋。接著，他以為可以用自己的羸弱和長期病痛為藉口，迴避一場對抗。最後，如同以前的事件那般，他認為必須回應攻擊，以捍衛自己世界觀的基礎，表達他相信理性可以承當認識上帝基礎的堅決信念，以及自己對雷辛的忠誠。

孟德爾松無法不從雅各比和哈曼的話中，聽出反猶太人的語氣。他們指出，令他們大為反感的「柏林心態」是受到猶太人的影響，孟德爾松在啟蒙圈裡的中堅地位，是他們這項說法的佐證；甚至還有個眾所周知的，就連哲學異端之父斯賓諾莎也是猶太人的事實！這還不夠。一七八四年底，更出現一篇攻擊孟德爾松的文章。神學家舒爾茨（Johann Heinrich Schulz）指責孟德爾松在《耶路撒冷》當中批評，無神論的傳播是危害社會道德的現象，但猶太教實際上卻是各種狂熱和不寬容的根源。當時在孟德爾松家中做客的歐宜赫，聽到這位友人的一句譏評，描述他如同掉入某個圈套的感受。孟德爾松對歐宜赫說，自己好比是一位丈夫，妻子指責他陽萎，而他的侍女卻怪罪他讓她懷孕。

所有親近孟德爾松的人都見到他的激動以及所承受的情緒壓力。他決定延後有關雷辛的文章，專注在跟雅各比的論戰上。一開始，論爭只在私下書信往來的範圍內進行，一七八五年間卻擴展到公眾領域。一七八五年九月印行的〈早課〉當中，就已經含有一篇為雷辛辯護的談話。這篇文章致力於上帝存在的證明，呈現理性主義哲學的兩個對手，它們在和神的關係上形成對立的兩極；這兩者是，從根本上否定「不可見本質可能存在」的無神論者，以及空想的神祕主義者，後者包括了，企圖以激烈的虔信直接與神合一的卡巴拉主義者（Kabbalisten）。

孟德爾松認為，在迷信的宗教狂和否定上帝存在的人之間，只存在細小的差別，唯有哲學思考才是和這些現象鬥爭的合適武器。藉由理性質疑並批判地檢驗真理，可以遏止缺少選擇和思考的任意接受，而不至於發展成偏見。所以，斯賓諾莎學說也值得更徹底的檢驗。這檢驗會導向「從本質上看，一種無盡且獨一的必然存在」，因此會與宗教完全調和。

根據孟德爾松的見解，雷辛所抱持的正是斯賓諾莎這種純粹的思考方式；正如他自己在〈早課〉當中所闡述，斯賓諾莎假設一個世界，雖依賴上帝而存在，卻又獨立於上帝之外。所以，人不但不是自然實體的奴隸，更能控制這自然實體。以人文主義思維而言，人是自由且對自身行為負有責任的受造物。就像世間萬物，人依賴上帝，卻同時保有自己獨立的存在和身為人的價值。

當雅各比不久之後在〈致孟德爾松先生信中有關斯賓諾莎的學說（Über die Lehre des Spinoza in Briefen an Herrn Moses Mendelssohn, 1785）〉文章中，把他跟孟德爾松的辯論乃至雷辛引起轟動的懺悔告知全世界，而使群情沸騰時，論戰便達到了高峰。雅各比再次提出他的論點，認為斯賓諾莎的理性主義思維是在否定上帝。他譴責整個啟蒙運動哲學，尤其是雷辛的思想，並對孟德爾松射出利箭。孟德爾松的精神痛苦加深了，因為對手的文章中浮現出一個早在十多年前便陰魂不散的鬼魅。雅各比打定主意，引用出於宣教熱誠而率先攻擊孟德爾松的拉瓦特純信仰的優勢，以鞏固自己對理性主義哲學的批判，並掩護自己的論點。

孟德爾松生前最後三個月被這再度發生的事件蒙上陰影。雖然他的社交活動不斷進行，也繼續接待客人和回覆信件，但孟德爾松似乎只著力於洗清雷辛名聲的任務。他在一封給康德而反映自己整個受辱程度的信中問道，雅各比怎能如此無視於公德和學者間常見的禮儀呢：

雅各比是怎麼克服自己的，竟然把他過世朋友所刻意隱瞞的秘密洩漏給我，甚至給全世界！……我擔心，哲學界有如此妄加迫害人的狂熱者，他們被操縱得幾乎比正信宗教的狂熱者更加勤於勸人改宗。

孟德爾松這時心生懷疑，幾乎成了執念。他認為，這事不僅和相當於宗教狂熱的哲學狂熱有關，更牽涉到一樁精心設計的陰謀，目的是對他個人施壓而令他改宗。他和多年摯友，柏林出版家尼可萊，共同得出結論，即，雅各比論戰是密謀對付他的一環，由受到宣揚基督使命派遣所驅動的「拉瓦特幫」策劃，企圖汙衊雷辛和孟德爾松，將他們打上異端的罪惡印記。「拉瓦特幫」想藉此展示，始於理性主義哲學，卻以懷疑和喪失信仰終了，可見得這種從陡峭懸崖跌落的危險有多大！而所有這些作為的目的是，要讓「信仰的旗幟」在他們所謂有害的啟蒙運動影響之下，依然保持純淨。

一七八五年冬天，孟德爾松在激動的情緒下撰文回應雅各比。〈致雷辛的友人：一篇有關雅各比先生論斯賓諾莎學說書信的附文（An die Freunde Lessings. Ein Anhang zu Herrn Jacobi Briefwechsel über die Lehre des Spinoza）〉是他生前最後一篇文章。孟德爾松在這篇沒能看到印行的文字中指出，雅各比如何引誘雷辛落入圈套，而使得事情看起來像是雷辛支持斯賓諾莎學說和泛神論。唯有如此，雅各比本人才能藉以指引人唯一的出路，亦即，真理只在信仰中！（譯按：孟德爾松認為雅各比譴責基於理性的啟蒙，以突顯他自己才是唯一的指引者。）孟德爾松寫道，他已從一連串類似的事件累積豐富的經驗，所以一開始便懷疑雅各比別有用心。不過直到現在，所有令他改宗的辦法都失敗了，這次更加精巧的嘗試也不例外。當他意識到自己來日不多的時候，只能再次以密集的方式談論自己世界觀的原則，一如他兩年前在《耶路撒冷》中所寫，特別是「有關教義和永恆真理，除了憑藉理性認可的理由之外，我並不認識任何其他的信仰。」

在猶太教裡，所謂信仰不外乎正面儀式法規的權威所賴以建立的歷史真理。然而根據猶太原則，信仰並不是認識上帝存在及其權柄的合適道路，而是應當透過理性。孟德爾松複述他的信條：「猶太教不是受啟示的宗教，而是受啟示的律法。所以說，我身為猶太人，更可以透過理性認可的理由追求信仰。」據此可知，沒有甚麼能動搖孟德爾松對理性力量的信賴，也沒有甚麼能令他離開自己祖先的信仰。

孟德爾松似乎已經感受到這段話是某種遺言，是某人的謝幕辭，是他讓這人在德國學者舞台表演了三十年之久，他自己也打算就如此留在觀眾的記憶裡。他急切地以寫作和時間賽跑，和他幾乎耗盡的生命沙漏競速。他想儘快讓〈致雷辛的友人〉付梓，以便立即駁斥雅各比具傷害性的主張。一七八五年十二月三十日星期五，他寫下結尾的句子。隔天三十一日安息日結束之後，也就是一七八五年結束前幾個小時，他為了把稿子親自交給出版商佛斯（Christian Friedrich Voss），急匆匆離開家門。回家後他才鬆了口氣，以為已經把這件苦惱的事從世上剔除了。

後來，弗洛梅告訴來到家裡致哀的客人們，她請求過他別那麼匆忙，要留意自己病弱的健康狀況，或是，至少穿上一件溫暖的外套，好讓他在十二月的柏林街上得以禦寒，但他沒有聽從她的話。去找出版商這一趟有了嚴重的後果，孟德爾松得了感冒，且病情顯著惡化。周遭的親朋好友沒人願意承認，他的臨終時刻已經到來。星期一，孟德爾松的醫師赫爾茨被請了來，但除了咳嗽和虛弱之外，檢查不出其他需要治療的較嚴重症狀。可是隔天他咳嗽加劇，胸口也更加疼痛。這時布洛赫也來了。這兩位醫師設法減輕孟德爾松的痛苦。歐宜赫所寫的第一部希伯來文孟德爾松傳記中，醫生的病情報告有如下的情況記載：

> 隔天星期二早上，我再來探望他，發現他裹著皮大衣躺在自己床上。他看起來很糟。他告訴我：「今天這病讓我很痛苦。我沒辦法排出胸口的痰，不能吃，不能睡，全身沒力氣。」

一七八六年一月四日星期三早上，經過一個失眠且折磨人的夜晚，孟德爾松終於與世長辭。三週後出版的〈致雷辛的友人〉前言中，由赫爾茨所寫的病情報告裡，有撼動人心的結局描述：

> 可是他的樣子越來越糟。我到隔壁開著門的房間找他夫人和他女婿，告知他的狀況，並請他們幫我找一名助手。這時，我聽到沙發上的聲響，我趕過去。他躺在那兒，從位子上滑落了些，頭部後仰，嘴上有點白沫，呼吸、脈搏和生命全消失了。我們試了各種方法讓他甦醒，卻都無效。他躺著，沒有了先前呼吸困難的聲音，沒有抽搐，沒有扭曲，唇上留著他慣有的友善，好比天使從世間將他吻走似的。他的死亡是如此稀有的自然，是衰弱下的中風。燈熄滅，因為油枯竭。唯獨像他這樣的人，擁有智慧、自制、中庸和平靜，才能在他這種體質下

持續燃燒五十七年的火焰。受到震驚的當下，我捧著他的頭，呆立著，天知道過了多久？在他身旁倒下並跟著他長眠，是我當時和以後都有的最熱切心願。

孟德爾松親近的朋友圈中，泛神論引發的爭執被看成是縮短他壽命的事件，因為這令他承受沉重的壓力，並拖垮他原本羸弱的身體。有些人更進而主張，孟德爾松是被不許他安然無事的雅各比惡意且冷酷地謀害了。有一位名叫莫立茲（Karl Philipp Moritz）的朋友，在孟德爾松過世大約三週後更明確地指責道：

孟……是以必死的人類所能期望的最高貴方式辭世。他是和雷辛這段友誼的犧牲品，他為了捍衛對抗狂熱和迷信卻受到打壓的理性權利而殉難。拉瓦特的侵擾帶給他生命第一次打擊，雅各比則完成這項工作。

這段話給孟德爾松的死賦予英雄般的重要價值，把他的形象抬上了一個高台。在仰慕者的眼裡他好比是聖人，為了啟蒙運動的理念獻出自己的靈魂，卻成為對手陰謀下的犧牲者。

孟德爾松身為德國以及猶太啟蒙運動英雄的神話，在他過世後更為增強。不過他所影響的範圍，卻快速發生變化，而且還出現了在他過世前幾年很可能沒能看出的發展。接近十八世紀末，德國文化開始了浪漫運動以及反啟蒙的進程。這時，宗教和情感的價值受到重視，人們認為這些是啟蒙運動所忽視的。對啟蒙運動的這種反動，卻也增強了抗拒把猶太人從民間壓迫解放出來的力量，而在十九世紀期間培養了阻撓猶太人解放的現代反猶主義。至於在孟德爾松過世三年半後爆發的法國大革命，雖然撼動了歐洲政治和社會秩序的常規和基本價值，卻也導致了保障猶太人政治權利的國會立法先例。

在柏林的猶太社群，特別是孟德爾松的家人，對德國中產階級的文化和社會適應加快了。在許多年輕一輩的代表者眼裡，猶太教並不是通往歐洲都會生活的開路者。孟德爾松夫婦的四個子女，布蘭黛、顏忒、亞伯拉罕和納坦，帶著社會同化的標誌和對許多特權的寄望（包括跟非猶太人結婚的可能性），改信了基督。他們的人生路途相當清楚反映了有別於孟德爾松世界觀的發展。考慮到他終其一生抗拒所有企圖讓他改換信仰者的堅毅鬥爭，四個子女全都改宗真可說是歷史的反諷。

啟蒙運動以及伴隨而來的現代猶太文學開創運動，在孟德爾松過世後還持續了大約十年，直到其領銜的代言者最終也認為，由他們所提供的另種猶太文化選擇，對於柏林猶太精英的後代不再重要為止。

所以，人們似乎無法將歷史的孟德爾松和孟德爾松神話的差異，從他那一代人以及他的時代背景分離開來；卻也應當小心，既不要讓他對之後的，各世代猶太社會所經歷的變化、融入、消散和更新的過程負起責任，也不要捲入將他看成是德國猶太文化英雄的神話軸線當中；寧可把他的生平理解成，一位知名柏林猶太人從一七五零年中期到一七八零年中期，歷經三十餘年的生命故事。

孟德爾松知名的程度是猶太現代化初期最引人入勝的現象之一。他以具有秉賦的知識分子身分出現在公共場合，藉由理念、書籍、文章、講課、談話和社交接觸，權威地共同形塑德國啟蒙運動，使得猶太人首度在德國享有知名且受重視的公眾人物聲望。

難怪社會上探討，「孟德爾松現象」是否會導致重新思考文化、基督宗教、國家和猶太人、猶太教之間的關係；「孟德爾松現象」是否意味著，猶太人和非猶太人之間的藩籬從此倒塌；也有人提問，相當於聖經中摩西的孟德爾松，是否帶領他的民族進入了一個歷史新時代。孟德爾松本身很快體認到，他自己成了轟動事件，他的名氣則要歸功於身為哲學家的成就。當時有許多人讀他的文章，聽他的言論，拜訪他家，邀請他或是以信件跟他保持聯繫。雖然孟德爾松不只一次說明，自己偏好在工作室中獨處，不過，他和家人似乎相當享受排場，以及友人和推崇者所給予的，參與高層生活的榮譽。別人所寫有關他的每句話都很重要，他也藉由頻繁的書信往返，密切注意對他出版品的反應和批評。他在權貴府上的聽眾，以及不論在自家客廳或皮爾蒙特跟高層代表人物的直接會面，都帶給他很大的滿足。

然而這種知名度也有它的代價。猶太信友們就一再推舉孟德爾松成為他們的代表甚至發言人。身為當時最有名的猶太人，他被看成是護民官和傑出的代表人物。有時候，像是在捍衛受壓迫的猶太社群，或是表達對多姆備忘錄的不滿時，他都確信可以積極運用自己的地位，或是以某種政治領導人物的姿態出現。然而這種角色的託付其實違背孟德爾松的意願，他的知名度和地位也迫使他投入公開辯論，並一再反駁「對猶太教的責任跟對啟蒙運動的責任不能調和」的主張；同時他也把握機會推廣人文主義，並對關注啟蒙運動的人闡述自己的看法。

儘管擁有知名度、社會成就以及跟歐洲文學、哲學的密切關聯，孟德爾松和家人仍舊維持柏林猶太人的典型生活方式。他們依照傳統生活，以積極成員的身分參與社群和會堂領導的選舉，並持守宗教誡律、安息日、節期和例行的飲食規定。就孟德爾松在當時猶太知識界的地位而言，他是初期猶太啟蒙運動新氣象的典型代表。如前所述，宗教教育所奠定的文化素養基礎，原本是他拉比生涯的預設。正像其他初期猶太啟蒙運動者，對哲學的強烈熱忱促使他鞏固了猶太教的理性基礎，他也更特別引用中世紀猶太精神先哲們的，以及麥蒙尼德的論述；在猶太啟蒙運動者眼裡，麥蒙尼德便是其中傑出的代表。孟德爾松要求重新鑽研聖經，跳脫學堂的狹隘和封閉，並致力於有關美、人文主義的坦誠，以及人和自然的廣泛知識等等價值的研究。

即使他最重要的書《耶路撒冷》起初並沒有考慮到猶太讀者，卻仍然提供了一個對於在現代化條件下如何持續猶太生活的解答。開明的孟德爾松夢想著一個能夠明顯變得較為寬容的國家；單屬人民的政府和教會不再互相依賴，基督教的偏見不再是壓迫猶太人的緣由。根據孟德爾松的說法，猶太人雖然堅持以民族群體的形式存在，他們在社群中的成員身分卻是自願的，宗教誡律的持守則是發自內心的信服，而非出於對懲罰的畏懼。

雖然兩人從未面對面會晤過，孟德爾松的人生卻籠罩著普魯士國王腓特烈二世陰暗的身影。國王對他懷有敵意的訊息，尤其是一七七一年柏林科學院拒絕他的屈辱，在孟德爾松眼裡象徵著壓迫猶太人的「幽靈」。他反抗歧視，反抗即便在啟蒙時期依然滋養反猶偏見的力量，更反抗阻撓拓展宗教寬容的一切。在這些苦澀的反抗言論當中，即使是謹慎的辭語，也有不少是抗拒這位國王犀利且具顛覆性的言論，這都是當初令他難堪的侮辱所導致。

在孟德爾松能夠有所影響的世界裡，卻相繼對他傳出矛盾的訊號。一方面，公眾對他交相讚譽，為他鋪平通向成功和身為備受崇敬「德國蘇格拉底」地位的道路；另方面他卻覺得，人們對他心懷不軌，就等著看他失足跌跤，等著他宣佈脫離自己的猶太出身和團體。他的智性生活充滿張力和失望。他的心情在兩者之間擺盪，一邊是對人文理想能夠得到勝利的期望，另一邊則是強大黑暗勢力得勝，啟蒙運動遭遇扭曲，自由、理性遭到拒絕的噩夢。他衷心希望，國家會擁護一個多元的社會，採納寬容的理想，並允許每個人不受強制地尋求自己的幸福。然而實際情況卻一再迫使他體認到，實現所有在他看來正確、合乎公義且值得嚮往的時機尚未成熟。

「異類」的猶太身分和崇高公眾地位之間的張力，都是形塑孟德爾松人生的經歷。這種「與眾不同」不只一次使他心生無奈，令他察覺到自己的缺失、脆弱和敏感。例如他和家人那次在菩提樹大道散步時，街頭少年對他們扔石頭洩恨的事件；他在讀到米歇里斯對雷辛《猶太人》的批評，在拉瓦特和克蘭茲向他挑戰，以及他遭到雅各比抨擊時，也都有類似的感受。然而孟德爾松的猶太「異類存在」感，並不單單意味著成為永久身陷惡意陰謀的受害者，而是更促成他擁有一種特殊的觀點。身為猶太人以及德國啟蒙運動主要人物之一，使得孟德爾松能夠以兩種不同角度來觀察和判斷自己的周遭環境，也就是，當事人的內在觀點，以及外部的批判者觀點。孟德爾松也能夠比他人更準確地界定啟蒙運動的限度（例如在他〈關於「何謂啟蒙？」的問題〉文章中所提及的），並更加確信地傳達人文主義的訊息。強加在他身上的「與眾不同」，使他得以從被歧視者的觀點來檢視自身周遭的分際。所以，他不會沉迷於「現代歐洲文化必然導向人類幸福」的觀念，甚至摒棄啟蒙運動必定促使人類進步的執見。

雖然當他聽聞約瑟夫二世的寬容法令，讀到雷辛的《智者納坦》和多姆〈論猶太人公民地位的改善〉時，情緒非常高昂，不過，他始終保持距離並謹慎地

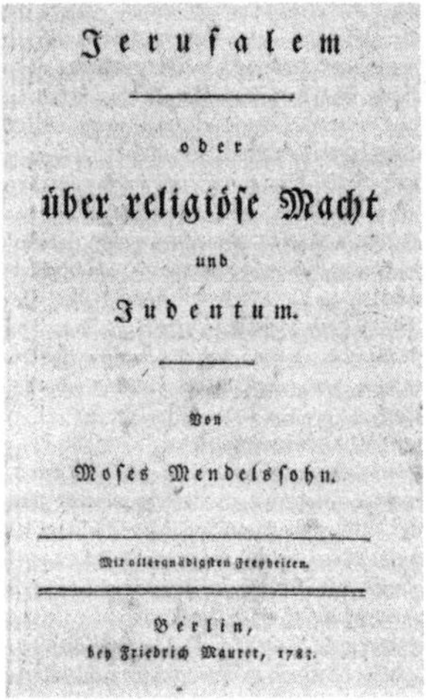

・《耶路撒冷》封面，一七八三年於柏林出版

問，實現寬容理想的這些步驟是否確實仍舊繼續，而背後是否只是善意，沒有其他隱藏？

雖然孟德爾松是萊布尼茲的優秀學生，也基本上贊同他的哲學樂觀主義，但身為猶太人的他還是心存疑慮，難以天真而不假思索地接受萊布尼茲把此世看成「所有可能世界中最美好的」基本理念。他不得不體認到，無法跨越的界限仍然存在，這包括了不能根除的偏見，而傳統上猶太人的負面形象，即使對他已受啟蒙的夥伴們仍舊是個障礙。在因著約瑟夫二世政策而感到振奮的時日裡，他擔心，現代化了的國家會把猶太人共享公民幸福的權利，以先行放棄他們宗教的特殊性作為條件。

這在他眼裡可說是寬容法則的嚴重扭曲。他表示，在這種情況下，猶太人寧可如同先前，不受法律保護。

孟德爾松認為，即使啟蒙運動本身也可能朝著專制且具破壞性的方向發展；例如在他看來令人害怕的「宗教合一」理念。這種理念僅僅在表面上標示著宗教間所有辯論的終點，以及壓迫、強制和不寬容的結束，實際上其弊害並不少於教會對握有真理的獨一要求。同時，孟德爾松也厭惡法國啟蒙運動對宗教和教會所進行的激烈批評，因為他認為，這批評最終會動搖社會秩序和人類道德的基礎，並損害人的特殊價值。

綜觀孟德爾松的人生和影響力，他似乎是首位傑出的猶太人文主義者。雖然先前斯賓諾莎就曾對宗教寬容和良心自由做過呼籲，但從傳統觀點來看，他的哲學著作主要是對猶太教的批評。斯賓諾莎處在自己時代猶太社會邊緣的生活，在孟德爾松看來，和他在面對猶太現代化時所必須克服的挑戰並不相同。那時歐洲社會的深刻變化導致猶太人的生存困境，孟德爾松之前，沒有哪個猶太哲學家的思想是在這種情況下發展起來，並如此強調地把人性尊嚴及其自由和幸福權利的維護，標舉為最高原則。看來，他的哲學思想結構，包括他把猶太教理解成是一種無教條、不擴張且不對外傳揚的宗教，都像他各種論戰那般，可以是從他的人文主義思想推演而來。孟德爾松認為，人是上帝賦予不朽靈魂的，最偉大的受造物，能夠知覺、思考和感受的特性，使得他能夠戰勝自己生理的限度和較低下的慾望，並致力追求完美。

孟德爾松身為猶太人的存在情況，強化了他對不公義、壓迫和殘暴的感受。他厭惡戰爭的暴行及伴隨而來的破壞。他心有餘悸地描述公開處決，以最堅定的態度斥責自殺，贊同國家從人民生活中退位，而宗教強制以及對偏離宗教規範者的懲罰則是他鬥爭的對象。他堅定地抗議禁異權，以及由拉比所判處的革出教門懲罰，並一再反對宗教狂熱、刑求、野蠻、驅逐和歧視。他的啟蒙是人文的，且以對人的可能影響為標準來檢視他參與的所有哲學探討。他對廢除加諸猶太人身上限制的希望和夢想，緊繫於他所深刻感受到的人文倫理。

如同好友雷辛在《智者納坦》當中的主張，對孟德爾松而言，認同「猶太人也是人」是改變和猶太人關係的基礎。他對上帝的理性認識，形成了鞏固人文價值的基石。他畢生唾棄無神論，費盡智識設法證明，上帝可以藉由領受而來的理性加以認識。缺少了希望人擁有善和完美的最仁慈上帝的存在，人文主義的世界觀也隨之瓦解。假使人如同唯物主義者所主張的，不過是一種生物和生理的機器，價值和正義也就沒有存在的餘地。要是人對認知和改善的努力就跟唯物主義者眼中的生命那般無甚意義，也就沒有理由維護德行和道德。

然而，孟德爾松的上帝並非猶太人專屬的神，而是全體人類的神。可是他也相信神在西奈山上對猶太人啟示的傳承，以及受託付的，持守誡律、保存歷史遺產和猶太民族生活方式的義務。上帝對他而言，是關心所有受造物成就和福祉的世界創造者。人可以憑藉理性來認識祂，不必依賴神啟、聖經或是教會的指導。

儘管有附加在他身上的神話，孟德爾松並不是為現代化猶太人引進具有戲劇性變化結果的歷史人物。他既不是走在現代化運動前端的護民官，也不為解放而奮鬥。他不是猶太啟蒙運動的創始者，也確實沒有為改變宗教禮俗奠定基礎。不過，這完全不減損他對於十八世紀歐洲文化和猶太教發展的歷史重要性。他的生平故事呈現了猶太人在現代化過程中必定會面對的衝突。孟德爾松的公眾地位證明，任何猶太人都可以因著衝破自己的生活和文化圈，成為現代猶太智識精英，並且和那些從傳統宗教泉源汲取知識和權威的拉比精英形成對立。他的哲學思想標明了開明猶太哲學的起始。這種哲學願意提倡博愛、宗教寬容和社會多元等等新的價值，並以理性和倫理為標準來闡釋猶太教。

不過，孟德爾松的重要性特別在於，他不是某一啟蒙運動天真的代表人物，這種啟蒙相信一種必然的歷史過程，認為理性、進步和人類幸福將得到最後勝利。懷抱著新時代及其充滿希望前途的夢想，他卻受到啟蒙運動終將失敗的噩夢和恐懼所壓迫，而他的猶太經歷和體驗更是滋養了這些噩夢與恐懼。身為十八世紀猶太人文主義者的孟德爾松，他思考冷靜，即使處於猶太人所能達到的，非凡公眾聲望的頂峰，也能察覺到壓迫、強制、偏見「幽靈」的威脅，而更確立了他「人文的必要作為」。回顧二十世紀中期歐洲猶太人悲慘命運的歷史，這種預警自有深刻的意義。要是孟德爾松能夠預見到自己過世一百五十年後柏林猶太人的遭遇，或許他會如同當年和家人在菩提大道散步遭到夾以「猶太人！猶太人！」喊叫的投石攻擊時的激動、失望、忿怒而大聲喊出：「人哪！人哪！你們到底要放縱到甚麼地步啊？」

孟德爾松年譜

一七二九年，孟德爾松九月六日出生於德紹。
一七四零年，腓特烈二世成為普魯士國王。孟德爾松就讀於德紹法蘭克爾拉比的塔穆德學校。
一七四二年，麥蒙尼德的《徬徨指津》在耶斯尼茨重新印行，孟德爾松閱讀此書。
一七四三年，孟德爾松追隨法蘭克爾拉比前往柏林，並在他的學堂成為塔穆德學生。
一七四六年，開始了和龔培茲的友誼。
一七四九年，雷辛依據和龔培茲交往的印象寫下劇本《猶太人》。
一七五零年，腓特烈二世頒布普魯士猶太人的「一般特權」。孟德爾松受聘為紡織品商人貝恩哈特子女的家教。

一七五三年，孟德爾松成為貝恩哈特紡織廠的員工。雷辛和孟德爾松友誼的開始。
一七五四年，雷辛發表《猶太人》戲劇。孟德爾松以一封給龔培茲的信回應米歇里斯對雷辛的批評。這信刊登在雷辛的期刊〈戲劇圖書館〉裡。
一七五五年，按時前往「學者咖啡館」和「週一俱樂部」。與雷辛和尼可萊討論，和米歇里斯接觸。孟德爾松發表〈哲學對話〉和〈論感性〉信簡。跟柏克合作刊行〈宣講道德者〉。
一七五六年，歐洲爆發七年戰爭。雷辛離開柏林。孟德爾松翻譯盧梭的《論人類不平等的起源》。
一七五九年，伏爾泰發表《憨第德》。
一七六一年，為麥蒙尼德的〈邏輯術語淺釋〉註疏。開始和阿柏特的友誼。訪問漢堡。孟德爾松跟弗洛梅相識。
一七六二年，孟德爾松跟弗洛梅結婚。
一七六三年，七年戰爭結束。孟德爾松取得「特別受保護的猶太人」特權。拉瓦特來訪。孟德爾松論文〈論形上學的明證性〉獲得柏林科學院的首獎。柏林猶太社群免除孟德爾松的稅負。女兒莎拉出生。

一七六四年，莎拉夭折。女兒布蘭黛出生。
一七六六年，兒子喬姆出生後夭折。
一七六七年，孟德爾松發表《斐多》。女兒瑞巧出生。
一七六八年，貝恩哈特過世後，孟德爾松成為紡織廠股東。開始為〈傳道書〉注疏。
一七六九年，發生拉瓦特事件。兒子孟德爾・亞伯拉罕出生。
一七七零年，兒子約瑟夫出生。孟德爾松開始將《詩篇》譯成德文。以文字回應拉瓦特。孟德爾松訪問布朗書懷格王儲和在渥爾芬比特爾的雷辛。
一七七一年，柏林皇家科學院推選孟德爾松為院士，但腓特烈二世否決這項提名。開始出現嚴重的神經症狀。柏林猶太社群任命孟德爾松為社群理事。孟德爾松到無憂宮接受薩克森男爵弗瑞奇的款待。
一七七二年，孟德爾松在梅克倫堡—史垂利茲的下葬問題論爭中，反對將死者在過世當天下葬的傳統立場。孟德爾松跟恩登之間的書信往返。結交亨寧斯。
一七七三年，首度到皮爾蒙特渡假。

一七七五年，兒子孟德爾・亞伯拉罕夭折。女兒顏忒出生。孟德爾松為瑞士猶太社群調解。

一七七六年，兒子亞伯拉罕出生。訪問德勒斯登。

一七七七年，前往柯尼斯貝格，並與康德會面。孟德爾松介入並支持德勒斯登猶太人。

一七七八年，發表《註釋》計劃導言。柏林猶太免費學校創立。女兒希瑟出生後夭折。

一七七九年，雷辛發表戲劇《智者納坦》。漢堡的柯亨拉比號召抵制《註釋》。弗利連德發表《猶太兒童讀本》。洪貝格受聘為孟德爾松子女的家教。

一七八零年，發表《註釋》第一冊。阿爾薩斯猶太人求助於孟德爾松，孟德爾松請多姆幫忙。

一七八一年，多姆發表〈論猶太人公民地位的改善〉。約瑟夫二世國王給猶太人頒布第一批寬容法令。雷辛過世。

一七八二年，兒子納坦出生。威則立發表〈和平與真理之言〉。歐宜赫創設「希伯來文之友協會」。孟德爾松發表對以色瑞爾《為猶太人辯護》的引言。克蘭茲匿名發表〈探討光照與權利〉。

一七八三年，布蘭黛跟魏特結婚。孟德爾松發表《耶路撒冷》。孟德爾松成為「週三社」榮譽會員。〈採集者〉於柯尼斯貝格創刊。刊行《詩篇》譯本。

一七八四年，孟德爾松和康德回答「何謂啟蒙？」的問題。哈曼批評孟德爾松。

一七八五年，瑞巧跟商人邁耶結婚。雅各比開始泛神論論爭。孟德爾松發表〈早課〉，並完成〈致雷辛的友人〉。

一七八六年，孟德爾松於一月四日過世。

譯者感言

顏敏如小姐希望我寫感言。其實，自從事書籍翻譯以來這十年，我不曾、也沒想要寫這類的文字。這次為什麼要答應呢？

因為，我們有兩次通力合作的交情。幾年前，她向國內出版社推薦一本有關天主教，也就是她所屬宗教的德文書。出版社找譯者，最後找到了我。但顏小姐不像常規的審訂者，她有特殊的要求：我一譯出一、兩千字，就要寄給她過目。而我也為了審慎，就等她看過、改好，再學習、參考她的譯法，繼續接下來的翻譯。這樣的合作自然拖長了時間，但對我、對這本譯書都很有幫助。另一方面，這也反映了她對譯事的審慎和文字的執著。

一、兩年之前，她又發現了一本值得譯介分享的好書。書的作者是她在居住地瑞士的大學裡教授猶太啟蒙運動課的以色列學者。這書最早是以希伯來文發表，後來有了德文和英文版。這次她先找譯者，到後來才決定是我。接下來再找出版社，但稿費和經費還要靠跟國內有關單位申請，成敗未卜。

啟蒙時代的一位猶太思想家？為什麼會選這樣一本書呢？原來，猶太人也有他們自己的啟蒙運動，而其中的重要人物孟德爾松在這項運動期間，有他不同於一般猶太有識之士的高瞻遠矚，卻也遭受到現實種種的阻力和挫折。這樣的選書，也反映了顏小姐好學深思的性格和廣博的歷史興趣吧！

巧的是，我對猶太文化一直很感興趣，幾年前就跟出版社推薦過一本猶太教養的書（只是出書時用了筆名）。話說，譯者要有案子才能養活自己。必要時，我會主動去找好的外文書來推薦譯案，而且對猶太作者特別有好感，也特別敏感。這次既然有猶太作者寫關於猶太思想家的書，我怎能錯過？就算稿費還沒有著落，而且就算有，也得等很久才能拿到，我也甘願！

其實，顏小姐原先是想找另一位專家跟我合作，但對方真的太忙，最後只好她自己來做。雖然如此，她還是跟上次一樣用心，絕不因為別的事情繁多而馬虎。只要對內容有不解的疑問，她就發電郵去問作者，直到清楚明白為止。相較之下，我感到慚愧。在廣讀有關的書來充實知識和辭彙方面，我自信做得夠多；但論到處理文字背後意義的模糊甚至矛盾，以及使譯句通順、簡潔且優美，顏小姐顯然更勝一籌。所以，她所做、所投入的，再一次比常規的審訂還多，也透顯出她的努力是多年一貫、始終不渝的。

說起來，熟悉顏小姐作品和部落格的人，應該不會訝異她會對這種書感興趣。她渴望世間的和平，於是不得不一次次去面對、去探索、去理解現實的衝突、殘酷和血腥。了解猶太人在啟蒙運動時期的想法，及其各種對立的立場和作為，對了解當今的中東問題一定有所助益吧？

感謝她，也感謝這個機緣。一個譯者，一生能有多少次機會跟這種難能可貴的有心人合作呢？

還有我常在內心默謝的太太。有她的支持，才有我這種不計得失的投入；有她的摯愛和照料，才有孩子的健全成長和我的安心工作。何其有幸啊！

末了，要說明的是：書中所謂的基督教，每當在和猶太教並列時，便含括了天主教。當然，書中有時也會用基督宗教一詞，來涵蓋天主教和基督教。

誌於民國一百零三年婦幼節前夕

Do人物11　PC0394

摩西・孟德爾松
──啟蒙時代的猶太思想家

作　　者／施姆爾・凡納
譯　　者／李中文
責任編輯／林泰宏
圖文排版／楊家齊
封面設計／秦禎翊

出版策劃／獨立作家
發 行 人／宋政坤
法律顧問／毛國樑　律師
製作發行／秀威資訊科技股份有限公司
地址：114 台北市內湖區瑞光路76巷65號1樓
電話：+886-2-2796-3638　傳真：+886-2-2796-1377
服務信箱：service@showwe.com.tw
展售門市／國家書店【松江門市】
地址：104 台北市中山區松江路209號1樓
電話：+886-2-2518-0207　傳真：+886-2-2518-0778
網路訂購／秀威網路書店：https://store.showwe.tw
國家網路書店：https://www.govbooks.com.tw

出版日期／2014年7月　BOD一版　定價／350元

獨立作家
Independent Author
寫自己的故事，唱自己的歌

摩西・孟德爾松：啟蒙時代的猶太思想家 / 施姆爾. 凡納著；
李中文譯. -- 一版. -- 臺北市：獨立作家, 2014.07
面；　公分. -- (Do人物；11)
BOD版
譯自：Moses Mendelssohn：ein jüdischer Denker in der Zeit der Aufklärung
ISBN 978-986-5729-17-2 (平裝)

1. 孟德爾松(Mendelssohn, Moses, 1729-1789)　2. 傳記

784.38　　103006545

國家圖書館出版品預行編目

讀者回函卡

感謝您購買本書，為提升服務品質，請填妥以下資料，將讀者回函卡直接寄回或傳真本公司，收到您的寶貴意見後，我們會收藏記錄及檢討，謝謝！如您需要了解本公司最新出版書目、購書優惠或企劃活動，歡迎您上網查詢或下載相關資料：http:// www.showwe.com.tw

您購買的書名：________________________________

出生日期：________年________月________日

學歷：□高中（含）以下　□大專　□研究所（含）以上

職業：□製造業　□金融業　□資訊業　□軍警　□傳播業　□自由業

□服務業　□公務員　□教職　□學生　□家管　□其它______

購書地點：□網路書店　□實體書店　□書展　□郵購　□贈閱　□其他

您從何得知本書的消息？

□網路書店　□實體書店　□網路搜尋　□電子報　□書訊　□雜誌

□傳播媒體　□親友推薦　□網站推薦　□部落格　□其他__________

您對本書的評價：（請填代號　1.非常滿意　2.滿意　3.尚可　4.再改進）

封面設計____　版面編排____　內容____　文／譯筆____　價格____

讀完書後您覺得：

□很有收穫　□有收穫　□收穫不多　□沒收穫

對我們的建議：________________________________

____

____

____

請貼
郵票

11466
台北市內湖區瑞光路 76 巷 65 號 1 樓
獨立作家讀者服務部 收

(請沿線對折寄回,謝謝!)

姓　　名:＿＿＿＿＿＿＿＿ 年齡:＿＿＿＿ 性別:□女　□男

郵遞區號:□□□□□

地　　址:＿＿＿＿＿＿＿＿＿＿＿＿＿＿＿＿

聯絡電話:(日)＿＿＿＿＿＿＿＿ (夜)＿＿＿＿＿＿＿＿

E-mail:＿＿＿＿＿＿＿＿＿＿＿＿＿＿＿＿